Das Auer Sprachbuch
Übungsheft 4

Vereinfachte Ausgangsschrift

Erarbeitet von
Ruth Dolenc-Petz
Birgit Illmann
Edeltraud Röbe
Heinrich Röbe

Unter die Lupe genommen von

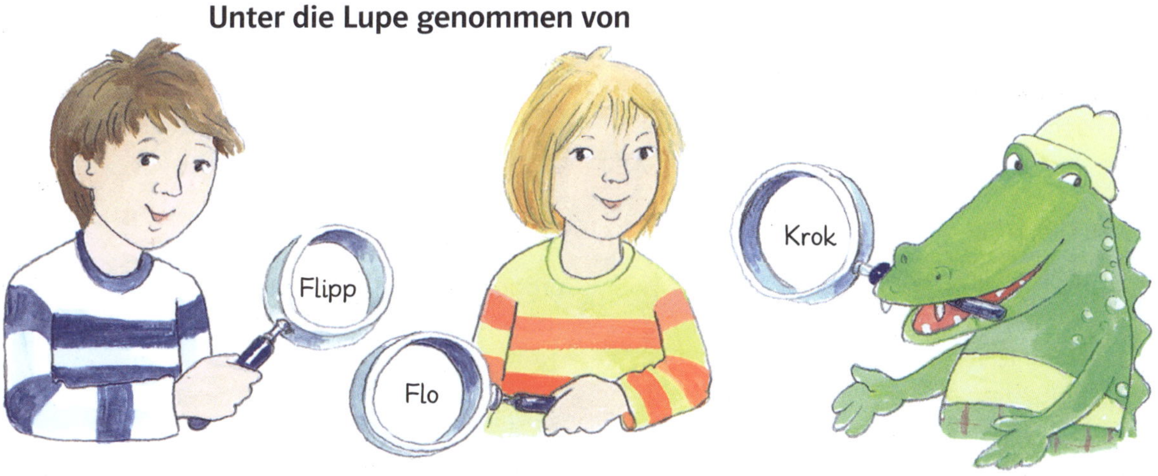

Ernst Klett Verlag
Stuttgart · Leipzig

Inhalt

Nomen

Nomen sind Namen für Dinge, Lebewesen, Gefühle, Ereignisse oder Zeit.

Nomen haben bestimmte und unbestimmte Artikel. Sie können in der Einzahl oder Mehrzahl stehen.

▲ der | die | das | ein | eine

Nomen haben ein Geschlecht. Sie sind männlich, weiblich oder sächlich.

1 Überprüfe mit den Beweisen, ob das Wort ein Nomen ist. Zwei Beweise müssen passen.

PALME

1. Beweis: *Palme ist ein Name für ein Ding*
2. Beweis: *die Palme, eine Palme*
3. Beweis: *eine Palme, viele Palmen*

Nomen ▲ ☒ ja ☐ nein

STUNDE

1. Beweis: ______
2. Beweis: ______
3. Beweis: ______

Nomen ▲ ☐ ja ☐ nein

WUT

1. Beweis: ______
2. Beweis: ______
3. Beweis: ______

Nomen ▲ ☐ ja ☐ nein

2 Schreibe den Text mit Groß- und Kleinbuchstaben. Kennzeichne in jedem Satz die Nomen. Finde die Nomen mit dem 2. Beweis.

WIR SPIELEN IN DER PAUSE AUF DEM SCHULHOF.
MEINE FREUNDE UND ICH HOLEN DIE SPIELEKISTE.
WIR VERTEILEN DAS SPIELZEUG AN DIE KINDER AUS DER ERSTEN KLASSE.
ES MACHT FREUDE, VERANTWORTUNG ZU HABEN.

3 Forsche in Kinderbüchern nach Nomen für Gefühle, Ereignisse oder Zeiten.

☐☐☐ Wie sicher kannst du Nomen beweisen?

Pronomen (Personalpronomen)

1 Für welche Nomen stehen die Pronomen? Schreibe Sätze mit den passenden Nomen.

Sie mag Klee. Er kann schwimmen. Ich mag Fische. Sie gehen spazieren. Ihr macht Hausaufgaben. Es frisst Heu. Wir spielen Ball. Du malst gern.

Die Kuh mag ____________________

____

____

____

____

2 Setze die passenden Pronomen ein.

Bastelzeit

Fridl ruft: „________ will basteln.“ Alina meint: „________ kannst mit mir basteln. ________ schneide Blumen aus und klebe ________ ans Fenster.“ Yasin findet das toll. ________ sagt: „________ mache auch mit. Dann sind ________ schneller fertig, wenn ________ drei zusammen arbeiten.“ Bald ist das Frühlingsbild fertig. ________ wird von allen bewundert. Die drei Künstler werden gelobt: „________ seid große Klasse!“

3 Schreibe den Text aus Aufgabe 2 ab. Unterstreiche die Pronomen.

4 Schreibe einen kurzen Text über dich und deine Freunde. Verwende Pronomen und kennzeichne sie.

☐☐☐ Wie sicher kennst du die Pronomen?

Schreibstudio Spannend erzählen

1 Wo soll deine spannende Geschichte spielen? Kreise ein.

  ?

2 Was siehst du? Was hörst du? Was fühlst du? Was denkst du dabei?
Wähle zwei „Angstmacher“ zu deinem Thema aus. Schreibe dazu.

____

____

____

____

____

____

3 Denke dir einen Schluss aus, der der Angst ein Ende macht.

4 Schreibe deine spannende Geschichte. Wenn du Pronomen verwendest, werden deine Sätze abwechslungsreicher. Stelle deinen Text der Klasse vor. Deine Zuhörer notieren sich Stichpunkte und erzählen deine Geschichte anschließend nach.

Sprachstudio

Verben: 1. Vergangenheit

① Was tut Krok?
② Gibt es das Wort in den Personalformen (ich) und (wir)?
③ Gibt es das Wort in der 1. Vergangenheit?

① tauchen
② ich tauche, wir tauchen
③ ich tauchte

Also: tauchen ist ein Verb.

1 Welche Wörter sind Verben? Überprüfe mit den drei Beweisen.

rufen

1. Beweis: __________
2. Beweis: __________
3. Beweis: __________

Verb ☐ ja ☐ nein

singen

1. Beweis: __________
2. Beweis: __________
3. Beweis: __________

Verb ☐ ja ☐ nein

leicht

1. Beweis: __________
2. Beweis: __________
3. Beweis: __________

Verb ☐ ja ☐ nein

2 Setze die Verben in der 1. Vergangenheit ein. Kontrolliere mit der Wörterliste (Seite 96–103).

Gestern __________ ich im Meer. (tauchen)
Eine Qualle __________ an mir vorbei. (schweben)
Viele Muscheln __________ am Meeresgrund. (liegen)
Da __________ ich furchtbar. (erschrecken)
In der Ferne __________ ich einen großen Fisch. (sehen)
Aber es __________ nur ein Delphin. (sein)

3 Suche in der Wörterliste (Seite 96–103) oder im Wörterbuch Verben. Schreibe die Beweise dazu.

4 Manche Wörter haben in der 1. Vergangenheit besondere Formen. Legt in der Klasse eine Liste an.

☐☐☐ Kannst du Verben sicher beweisen?

Verben: 2. Vergangenheit

1 Krok erzählt. Unterstreiche in jedem Satz das Hilfsverb und das Verb in der 2. Vergangenheit.

Ich bin ganz lang getaucht. Unter Wasser bin ich weit geschwommen. Am Grund habe ich eine Krabbe gesehen. Dann ist eine große Welle gekommen. Sie hat mich mitgenommen. Dann hat sie mich wieder an den Strand geworfen. Das ist sehr aufregend gewesen.

2 Setze die Verbformen ein. Kontrolliere mit der Wörterliste (Seite 96–103) oder mit dem Wörterbuch.

Gegenwart	1. Vergangenheit	2. Vergangenheit
ich suche		
wir lachen		
	er lief	
		du hast getragen
sie bleiben		

3 Schreibe das Erlebnis in der 2. Vergangenheit auf.

4 Suche in der Wörterliste (Seite 96–103) oder im Wörterbuch Verben und schreibe sie in beiden Vergangenheitsformen auf. Welche Verben haben besonders schwierige Vergangenheitsformen?

Regeln entwerfen – ein Plakat gestalten

1 Was macht die Leute auf dein Plakat aufmerksam? Farben, **eine besondere Schrift**, Zeichen ☺, Bilder, klare Wörter und Sätze, ein „Slogan“, ein „Zentrum“.
Gestalte ein kleines Plakat zur Aktion „Sauberer Schulhof“.

Abfall in die Tonne!	Rama dama Schulhof!	Kein Müll!	Müll-Diät!
Hilf mit! Mach mit!	Ausreden waren gestern!	Jeder ist wichtig! Auch du!	…

2 Erfindet weitere Slogans.

Stellt eure Plakate vor. Sprecht über sie und ihre Wirkung.

Satzglieder: Subjekt und Prädikat

Die Satzglieder finde ich mit der Umstellprobe.

Lea malt ein Bild.
Ein Bild malt Lea.

Mir hilft die Erweiterungsprobe oder die Weglassprobe.

Lea
Lea malt.
Lea malt ein Bild.
Lea malt.
Lea

Ich entdecke sie mit der Ersatzprobe.

Lea malt ein Bild.
Lea malt es.

1 Finde die Satzglieder mit der Umstellprobe. Unterstreiche die Satzglieder.

Laura und Emil gehen am Nachmittag an den Bach.

2 Bilde Sätze. Das Prädikat bestimmt, welches Subjekt passt.

ich
Laura und Emil
du
Cem

Subjekt
Wer? Was?

Prädikat (Satzkern)
suchen
erforscht
entdeckst
sammle

Satzergänzung (Objekt)
Wen? Was?

Briefmarken
einen Frosch
ihre Lupe
den Bach

3 Stelle den Satz zweimal um. Bestimme die Satzglieder. Kennzeichne Subjekt und Prädikat.

Quirin entdeckt am Fluss einen besonderen Stein.

4 Entdecke die Satzglieder in diesem Satz durch die Umstellprobe und die Ersatzprobe.

Amir und Frida gehen im Keller auf Schatzsuche.

Sätze verbinden

Wir klettern auf den Baum.

Wir erforschen den Bach.

Bindewörter
weil
und
oder
aber

Wir klettern auf den Baum und erforschen den Bach.

1 Verbinde immer zwei Sätze mit einem Bindewort. Der zweite Satz muss dafür manchmal verändert werden. Achte auf das Komma.

denn — aber — weil — während — obwohl — und — oder

Vor dem und kommt nur dann ein Komma, wenn in jedem Satz ein anderes Subjekt vorkommt.

Özlem forscht häufig. ______ Sie ist sehr neugierig.

Emil liest gern. ______ Noch lieber malt er.

Marcel hilft Kati suchen. ______ Sie findet ihre Lupe nicht.

Serkan spielt draußen. ______ Es regnet heute.

Taki lernt die Namen der Wale. ______ Er will einen Text über sie schreiben.

Annas Hobby ist Schwimmen. ______ Ihr Bruder spielt lieber Fußball.

____

____

____

____

____

____

____

____

Vergleicht eure Sätze. Habt ihr die gleichen Bindewörter eingesetzt? Gibt es mehrere Möglichkeiten? Sind eure Sätze sinnvoll?

2 Arbeite mit einem Partnerkind: Jeder schreibt einen Satz. Mit welchem Bindewort könnt ihr die Sätze verbinden?

3 Bilde eigene Sätze mit Bindewörtern.

Schreibstudio Tagebuch einer Entdeckungsreise

1 Ordne die Stichpunktzettel.

☐	1	☐	☐	☐
Löwenfamilie Fernglas Versteck im Gebüsch	Reise beginnt großes Segelschiff Afrika	Wasserfall Krokodile	ankern einsame Bucht an Land rudern	Heimreise Abenteuer erzählen

2 Schreibe Tagebucheinträge zur Entdeckungsreise von Flipp und Flo.
Denke daran: Wenn du die Satzglieder umstellst, klingen dein Sätze abwechslungsreicher.
Überlege, welche Zeitform du verwenden musst. Begründe.

16. März

3 Lies deine Tagebucheinträge einem Partnerkind vor. Es soll genau zuhören und zu den einzelnen Tagen kleine Skizzen anfertigen.

Sprachstudio

Wortfamilien

Diese Wörter haben etwas gemeinsam.

Es ist der Wortstamm traum.

Wortstämme können sich verändern.

verträumt
du träumst
der Traum

1 Streiche die Wörter, die nicht zur Wortfamilie TRAUM gehören.

Traum verträumt (sein) nachdenken Traumtänzer
traumhaft Wunschtraum Schaum Albtraum träumen
geträumt erträumen schlafen Traumberuf du träumst

2 Schreibe die Wörter aus der Wortfamilie TRAUM. Kennzeichne den Wortstamm.

Traum, verträumt (sein), ______________________________

____

____

3 Setze passende Wörter aus Aufgabe 2 ein.

Ein Erlebnis im Schlaf: ______________________.

Ein schrecklicher Traum ist ein ______________________.

Ein Beruf, den du unbedingt ergreifen willst: ______________________.

Jemand, der mit seinen Gedanken woanders ist, ist ein ______________________.

4 Schreibe die Nomen aus Aufgabe 2 mit Artikel auf.

____

____

5 Suche lange Wörter in der Wörterliste (Seite 96–103) oder im Wörterbuch. Schreibe sie auf und kennzeichne den Wortstamm.

6 Schreibe Wörter aus der Wortfamilie STELL. Kennzeichne den Wortstamm.

Subjekt und mehrteiliges Prädikat

1 Setze die mehrteiligen Prädikate richtig ein. Unterstreiche Prädikat und Subjekt.

anbellen   davonlaufen   aufbewahren   einschlafen   ausgehen

Bambi ___läuft___ vor dem Jäger ___davon___.

Donald Duck __________ oft auf der Hängematte __________.

Micky Maus __________ mit Minnie Maus abends __________.

Dagobert Duck __________ sein Geld in einem Geldspeicher __________.

Pluto __________ Micky Maus wütend __________.

2 Stelle jeden Satz aus Aufgabe 1 einmal um.

____

____

____

____

____

____

____

____

____

3 Bilde Sätze mit den Verben.
Unterstreiche das mehrteilige Prädikat.

einbrechen   ausdrücken   anpfeifen   wegrennen   abbrechen

☐☐☐ Wie sicher kannst du das mehrteilige Prädikat bestimmen?

zu Das Auer Sprachbuch 4, Seite 27

Eine Fantasiegeschichte schreiben

Furcht oder Erstaunen ausdrücken:
„Oh Gott, so ein Riesentier!“
„Gerade war es doch noch nicht hier.“
…

spannende Wörter wählen:
starren, lautlos, wie gelähmt, mit lautem Knall, ein dumpfes Geräusch …

lebendige Ausrufe verwenden:
„Das überlebe ich nie!“
„Wenn mich niemand hört, bin ich verloren.“
„Verschwinde, du Vieh!“
…

1 Schreibe den Text zu diesem Bild aus dem Film „Otto ist ein Nashorn“ weiter. Beachte die „Tricks“.

Plötzlich steht vor Topper mitten im Kinderzimmer ein riesiges Vieh.

Lest euch eure Texte gegenseitig vor. Habt ihr die „Tricks“ beachtet? Habt ihr in euren Sätzen die Satzglieder umgestellt?

Wie gut gelingt es dir, Spannung in deinem Text zu erzeugen?

Wörtliche Rede (1)

Erklärt euch gegenseitig, wie die Satzzeichen bei der wörtlichen Rede gesetzt werden müssen.

1 Setze die wörtliche Rede aus den Sprechblasen ein. Achte auf den Doppelpunkt [:], die Anführungszeichen [„"], das Komma [,] und die anderen Satzzeichen [.] [!] [?].

Tick, Trick und Track fragen ______________________________

Dagobert antwortet ______________________________

Donald ruft ______________________________

2 Schreibe die Sätze aus Aufgabe 1 mit nachgestelltem Redebegleitsatz.

____

____

____

____

3 Setze die passenden Satzzeichen und Redezeichen ein. Kennzeichne die wörtliche Rede und den Redebegleitsatz. Vergleiche mit einem Partnerkind.

Onkel Donald ruft bei Tante Daisy an Hallo Daisy, kommst du heute zum Kaffee

Tante Daisy antwortet Gerne, lieber Donald. Ich bringe uns eine Torte mit.

Das ist fein, liebe Daisy meint Donald.

Daisys Torten sind superlecker jubeln Tick, Trick und Track

zu Das Auer Sprachbuch 4, Seite 32

Wörtliche Rede (2)

1 Lies die Witze.

2 Setze die Anführungszeichen bei der wörtlichen Rede und alle fehlenden Satzzeichen richtig ein.

Lehrer Blümchen fragt Jakob   Was ist ein Goldfisch
Darauf antwortet dieser   Das ist eine Ölsardine, die
im Lotto gewonnen hat.

Könnt ihr mir ein paar Baumnamen nennen   fragt Lehrer Blümchen.
Der Tannenbaum, der Apfelbaum, der Birnbaum   antwortet Nadim.
Der Purzelbaum   ruft Leo dazwischen.

Emma sieht, wie ihr Bruder Florian im Hallenbad mit einem Regenschirm
unter der Dusche steht.
Wieso machst du das fragt sie ihn.
Ich habe mein Handtuch vergessen antwortet Florian.

Carlo kommt vom Fußballspielen nach Hause und sieht aus
wie ein echtes Schlammschwein.
Los, ab in die Badewanne   ruft seine Mutter.
Ach, Mama, das lohnt sich nicht. In drei Tagen ist schon
das Rückspiel   antwortet Carlo.

Vergleicht eure Lösungen.

3 Lies mit einem Partnerkind einen Witz aus Aufgabe 1 mit verteilten Rollen. Tragt den Witz gemeinsam der Klasse vor.

4 Suche in einer Zeitschrift nach einem Kinderwitz mit wörtlicher Rede. Schreibe ihn auf. Achte auf die Satzzeichen.

Gefühle in Bild und Schrift darstellen

1 Schreibe deine Gedanken.
Verwende verschiedene Schriften und Farben, die zu deinen Gedanken passen.
Arbeite besonders sorgfältig.

Meine Lieblingswörter ...

Ich fühle mich wohl, wenn ...

Glück bedeutet für mich ...

2 Stelle dein Ergebnis der Gruppe vor. Erzähle zu deinen Gedanken. Lass dir freundliche Rückmeldung zur Gestaltung der Seite und zu deiner Schrift geben.

Sprachstudio Satzarten

1 Baue Aussagesätze, Fragesätze und Aufforderungssätze.

du	kaufen	ein eine	schön	Fußball
Krok	malen	der	spannend	Bild
Jana	lesen	die das	neu	Buch

Aussagesatz: ______________________________

Fragesatz: ______________________________

Aufforderungssatz: ______________________________

Aussagesatz: ______________________________

Fragesatz: ______________________________

Aufforderungssatz: ______________________________

Aussagesatz: ______________________________

Fragesatz: ______________________________

Aufforderungssatz: ______________________________

2 Spielt die Situationen und erforscht die Wirkung eurer Sätze.

1. Du möchtest länger aufbleiben.
2. Du willst ein Buch verkaufen.
3. Du möchtest einen Freund oder eine Freundin einladen.
4. Du möchtest, dass dein Hund zu dir kommt.

Lies deine Sätze einem Partnerkind vor. Vergleicht. Tragt die besten Lösungen der Klasse vor. Sprecht darüber.

Satzergänzung im 4. Fall

So klingt der Satz seltsam. Aber er hat doch ein Subjekt und Prädikat!

Dieses Prädikat verlangt die Frage: Wen oder was?

Das Pferd zieht | den Wagen.

Wer oder was? ← ● → Wen oder was?

Subjekt — Prädikat (Satzkern) — Satzergänzung im 4. Fall (Objekt)

1 In diesen Sätzen fordern alle Prädikate eine Satzergänzung im 4. Fall. Setze ein.

1. Johannes Gutenberg erfand den Buchdruck ______.
2. Onkel Dagobert findet ______.
3. Viele Kinder wünschen sich ______.
4. Der Müllmann leert ______.
5. Unser Nachbar sortiert ______.
6. Columbus entdeckte ______.

2 Kennzeichne in den Sätzen Subjekt, Prädikat und Satzergänzung im 4. Fall.

Selina sieht tolle Turnschuhe im Fernsehen. Sie holt ihre Spardose. Selina sucht den Schlüssel. Aber sie findet ihn nicht. Da bittet Selina ihren Vater: „Kaufst du mir bitte diese Turnschuhe?“ Der Vater fragt Selina: „Warum nimmst du nicht dein Taschengeld?“

3 Bilde Sätze mit diesen Verben. Frage nach der Satzergänzung mit „Wen oder was?“. Kennzeichne die Satzglieder.

sammeln — sparen — reinigen — lesen — malen — verkaufen

☐☐☐ Kannst du die Satzergänzung im 4. Fall sicher bestimmen?

zu Das Auer Sprachbuch 4, Seite 39

Werbung „machen“

1 Du hast eine Rakete erfunden, die beim Fliegen bunt leuchtet und …
Zeichne die Rakete. Gib ihr einen Namen, der „ankommt“.

2 Nun musst du für deine Rakete werben. Verwende wirksame Satzarten.

Wörter und Sätze, die besonders wirken!

____

____

____

Ein toller Reim!

____

____

____

Stelle deine Raketenwerbung einem Partnerkind vor. Überarbeitet. Tragt eure Werbung der Klasse vor. Sprecht über die Wirksamkeit eurer Sätze.

Sprachstudio Wortfeld Wasser

1 Setze passende Verben aus dem Wortfeld fließen ein.

sprudeln rauschen gießen plätschern

Aus einer Felsspalte ______________________ eine Quelle.

Der kleine Bach ______________________ zwischen den Steinen hindurch.

Er wird immer größer. Nun ______________________ der Wildbach ins Tal.

branden gießen rinnen tröpfeln

Es beginnt zu regnen. Zuerst ______________________ es nur leicht.

Schließlich ______________________ es in Strömen.

Das Wasser ______________________ an den Fensterscheiben herab.

schwappen fließen glucksen spritzen

Die Kinder baden.

Das Wasser ______________________ in die Badewanne.

Die Kinder klatschen aufs Wasser. Das Wasser ______________________.

Sie werden immer wilder. Das Wasser ______________________ über.

2 Finde passende Verben. Schreibe.

Es ist Sturm. Das Meer ______________________.

Die Wellen ______________________.

Am Strand ______________________ die Wellen gegen das Ufer.

3 Bilde zusammengesetzte Nomen mit Wasser. Untersuche und kennzeichne, welches Wort den Artikel bestimmt.

Meer ___	Tee ___	___ schlauch	___ fall	Bade ___
Mineral ___	___ eimer	Trink ___	___ hahn	___ rad
___ schlange	Regen ___	___ tropfen	___ ball	Leitungs ___

Sprachstudio Satzergänzung im 3. Fall

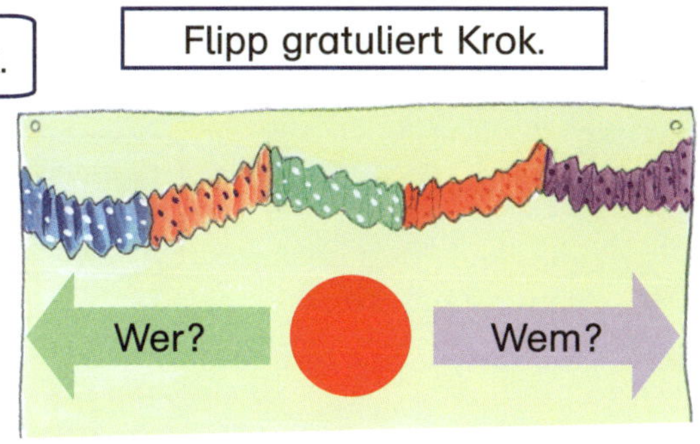

1 Lies den Text und beantworte die Fragen. Hier verlangt jedes Prädikat die Satzergänzung im 3. Fall.

Eines Tages begegnete der kleine Wassermann dem Karpfen. Er zeigte seinem Freund seine Schätze. „Der alte Schuh gehörte einmal dem alten Fischer. Den Lampenschirm schenke ich Papa zum Geburtstag. Und diese schöne Vase gefällt Mama am besten."

Wem **begegnete** der kleine Wassermann? ____________________

Wem **zeigte** der kleine Wassermann seine Schätze? ____________________

Wem **gehörte** der alte Schuh? ____________________

Wem **schenkte** er den Lampenschirm? ____________________

Wem **gefiel** die schöne Vase am besten? ____________________

2 Kennzeichne im Text von Aufgabe 1 die Satzergänzungen im 3. Fall.

3 Bilde Sätze. Jedes Prädikat verlangt die Satzergänzung im 3. Fall Kennzeichne die Satzglieder.

____

____

____

____

Sammelt weitere Prädikate, die eine Satzergänzung im 3. Fall fordern.

☐☐☐ Wie sicher kannst du die Satzergänzung im 3. Fall bestimmen?

Eine Anleitung schreiben

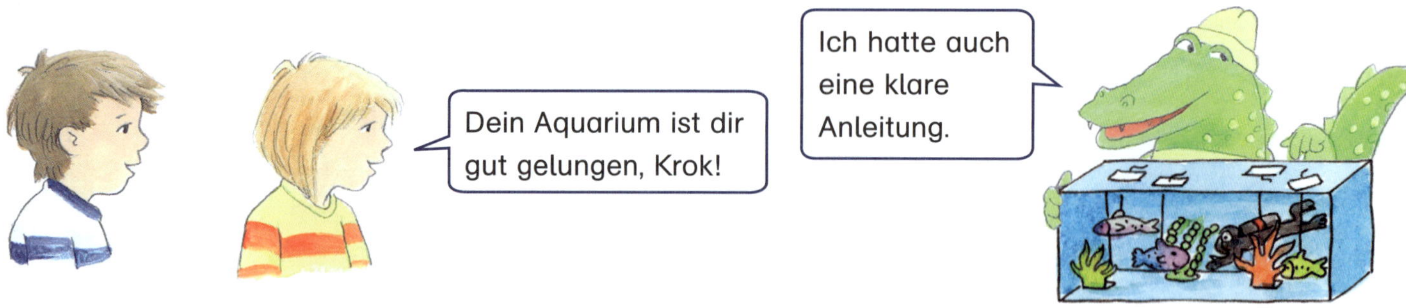

1 Schreibe mithilfe der Bilder und Stichworte eine Anleitung für ein Schuhschachtel-Aquarium. Verwende auch Satzanfänge wie **zuerst**, **anschließend**, **zum Schluss** …

Karton, blaues Papier, Stifte, Schere, Kleber, Fäden, Klebestreifen

Karton, innen, außen, blaues Papier, bekleben

Wasserpflanzen, malen, ausschneiden, kleben

Fische, Taucher, malen, ausschneiden

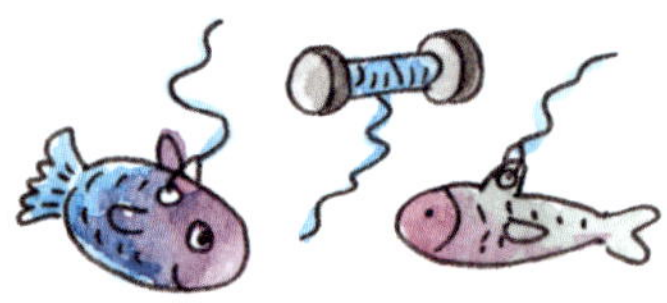

Nahfäden, befestigen

kleines Loch, Klebestreifen

2 Lass dir von einem anderen Kind Rückmeldung geben: Ist deine Anleitung verständlich?

Adjektiv: Grundform – Vergleichsstufen

Mit Adjektiven kann man gut vergleichen.

Und ich bin heute am hübschesten.

1 Vergleiche. Schreibe so: Der Schwertwal ist lang. Der Pottwal ist …

Schwertwal (5–8 m)

Pottwal (11–20 m)

Blauwal (25–32 m)

lang
länger
am längsten

Spatz (bis 60 km/h)

Gans (bis 100 km/h)

Wanderfalke (bis 200 km/h)

schnell
schneller
am schnellsten

2 Forsche nach Tieren, die du mithilfe von Adjektiven gut vergleichen kannst. Schreibe Sätze und stelle diese der Klasse vor.

3 Ordne die Adjektive in die Tabelle ein. Kennzeichne Besonderheiten.

nah – am ältesten – am besten – viel – näher – alt
gut – am nächsten – besser – am meisten – älter – mehr

Grundform	1. Vergleichsstufe	2. Vergleichsstufe
nah		

4 Vergleiche Dinge mit den Adjektiven tief hoch stark.

Wie sicher kannst du Adjektive in die Vergleichsstufen setzen?

Sprachstudio Vorsilben und Nachsilben

1 Welches Verb passt zu welchem Bild? Schreibe.

 Tränen   Wasser Limo	ein, aus, ver	gießen
 die Oma  der Kuchen  ein Buch	aus, be, ver	suchen

Tränen vergießen

______

______

______

______

______

Überlegt: Wie verändern diese Vorsilben die Bedeutung der Verben?

2 Ergänze die Verben mit den passenden Vorsilben.

Leon will sein Lieblingsgedicht ______ tragen. (ver, er, vor)

Samira darf ihr erfundenes Märchen ______ zählen. (ab, ver, er)

Paul möchte der Klasse sein Hobby ______ stellen. (ab, vor, be)

Die Klasse 4c will ein Theaterstück ______ führen. (zu, auf, ver)

3 Wie kannst du das unterstrichene Wort in ein Nomen verwandeln? Was ändert sich?

Flo ist immer <u>heiter</u>. Ihre ______ steckt an.

Leo <u>beobachtet</u> ein Reh. Am Abend berichtet er Papa von seiner ______.

Max <u>erklärt</u> der Klasse ein neues Spiel. Seine ______ ist gut verständlich.

Die Klasse ist sehr <u>aufmerksam</u>. Die Lehrerin lobt ihre ______.

Im Ferienlager haben die Kinder viel <u>erlebt</u>. Sie erzählen von ihrem ______.

Schreibstudio

In die Rolle einer Kinderbuchfigur schlüpfen

1 Ordne den Bildern passende gorkyanische Beschreibungen zu.

dachloses Tretgerät — Fußwärmer mit Streifen — schreiender Mini-Erdling — Transportgerät für Mini-Erdlinge

 ______________________

 ______________________

 ______________________

 ______________________

2 Erfinde selbst gorkyanische Beschreibungen.

 ______________________

 ______________________

 ______________________

 ______________________

3 Zeichne ein Bild und erfinde gorkyanische Beschreibungen dazu.

4 Stellt eure gorkyanischen Beschreibungen vor. Welche findet ihr besonders lustig?

Sprachstudio — Das Prädikat bestimmt im Satz (1)

1 Das Prädikat bestimmt, welches Subjekt passt. Du findest es mit der Ersatzprobe. Schreibe die Sätze. Kennzeichne Prädikat und Subjekt.

ich
Flipp
du
Flo und Krok

← Wer? Was?

Prädikat (Satzkern)
lesen
schreibe
chattest
mailt

____

____

____

____

2 Erweitere die Sätze aus Aufgabe 1.

3 Bilde Sätze mit fünf Verben aus der Wörterliste (Seite 96–103) oder dem Wörterbuch. Erforsche, wie das Subjekt zum Prädikat passt.

4 Welches Subjekt und welche Satzergänzung fordert das Prädikat? Setze ein.

__________________ schreibt gern __________________ .
(Anna/Meinen Eltern) (lange Briefe/bunten Karten)

__________________ gestaltet __________________ mit Zeichnungen.
(Ihren Briefen/Ihre Werke) (du/sie)

__________________ sammeln __________________ .
(Emil/Jan und Yara) (seltene Briefmarken/bunten Steine)

__________________ lieben __________________ .
(Mutter/Sie) (die bunten Abbildungen/den Mustern)

__________________ sende gern __________________ .
(Du/Ich) (der E-Mail/eine SMS)

Das Prädikat bestimmt im Satz (2)

1 Welches Prädikat fordert eine Satzergänzung im 4. Fall, welche im 3. Fall? Bilde Sätze. Kennzeichne die Satzglieder.

Prädikat (Satzkern)

Krok ← Wer? Was? ← begegnet / hilft / sieht / liest → Wem? / Wen? Was? →

die Flaschenpost
der Möwe
den Eisberg
dem Pinguin

2 Setze die Satzergänzungen in dem Fall ein, den das Prädikat fordert. Kennzeichne die Satzglieder.

Viele Kinder schauen ______________________________ an.
(spannenden Filmen/lustige Trickfilme)

Sven hört gern ______________________________ im Radio.
(die neuesten Nachrichten/den Geschichten)

Karla schreibt ______________________________ E-Mails.
(ihre Oma/ihrem Opa)

Das Handy gehört ______________________________.
(meine Freundin/meiner Mutter)

Die neue Zeitschrift gefällt ______________________________.
(meinen Lehrer/meinem Vater)

3 Bilde Sätze mit den Verben „helfen“, „antworten“ und „essen“. Erforsche, welche Satzglieder die Prädikate fordern.

Schreibstudio

Einen Bericht schreiben

1 Wähle ein Ereignis aus, das du in der letzten Zeit erlebt hast. Stelle Stichpunkte mit den wichtigsten Informationen zusammen.

Welches Ereignis?

- [ ] Theateraufführung
- [ ] Projektwoche
- [ ] Autorenlesung
- [ ] ____________________

Wo fand das Ereignis statt?

____

____

____

Wann fand das Ereignis statt?

____

____

Wer war dabei?

____

____

Wie war der Ablauf?

____

____

____

____

____

____

2 Schreibe einen Bericht. Beachte die wichtigen Informationen.

Tausche dich mit einem Partnerkind aus. Ist der Bericht vollständig und verständlich? Sprecht in der Klasse über eure Berichte.

Verstehen und verstanden werden

1 Welche Ausdrücke meinen das Gleiche? Verbinde.

auf etwas abfahren •	• völlig unmodern
mega-out •	• etwas gut finden
schrill •	• sich sehr schick machen
aufbrezeln •	• Witz, Scherz
checken •	• sehr auffällig
zutexten •	• toll, einzigartig
Joke •	• etwas verstehen
galaktisch •	• ungewöhnlich, verrückt
crazy •	• sehr einfach
pillepalle •	• auf jemanden einreden

2 Wähle fünf Wörter aus der „Jugendsprache“ aus. Schreibe damit Sätze.

____

____

____

____

____

3 Erkläre: Müsst ihr euch eigentlich immer zoffen?

Sprachstudio Die Satzergänzung im 3. und 4. Fall

1 Setze die passende Satzergänzung ein. Kennzeichne die Satzglieder.

Tanja schreibt ______ (ihre Freundin).

Sie verziert ______ (der Brief).

Dann holt sie ______ (ein Umschlag).

Auf den Umschlag klebt sie ______ (eine Briefmarke).

Dann schreibt sie ______ (die genaue Adresse) darauf.

Diese Post gefällt ______ (ihre Freundin) sicher.

2 Fülle das Satzbild mit den ersten beiden Sätzen aus Aufgabe 1 aus.

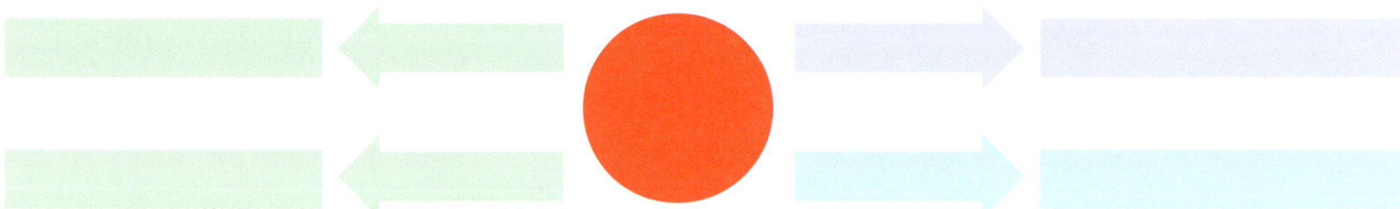

3 Setze die Satzergänzungen in dem Fall ein, den das Prädikat fordert. Kennzeichne die Satzglieder.

Lara schreibt ______ (ihr Opa) ______ (ein Brief). Sie möchte ______ (er) für das Geburtstagsgeschenk danken. Der Opa hat ______ (seine Enkelin) ______ (ein Experimentierkasten) geschickt. Lara hat ______ (ihr kleiner Bruder) schon ______ (einige Versuche) gezeigt. Bald will sie ______ (ihre Klasse) ______ (ein spannendes Experiment) vorführen.

4 Führe bei den ersten beiden Sätzen aus Aufgabe 3 die Weglassprobe durch.

Schreibstudio Jemanden beschreiben

Diesen Gedankenschwarm haben Kinder zu Robin Hood, dem Helden einer Zeichentrickserie, zusammengestellt.

schlau | ehrlich | kleiner Mund | witzig | treuer Freund | rotbraune Haare

abenteuerlustig | Stupsnase | kämpft für Gerechtigkeit | hilfsbereit | dunkle, neugierige Augen | kann gute Pläne aushecken

1 Ordne die Begriffe mit dem Cluster. Finde selbst Begriffe, mit denen du die Kleidung von Robin Hood beschreiben kannst.

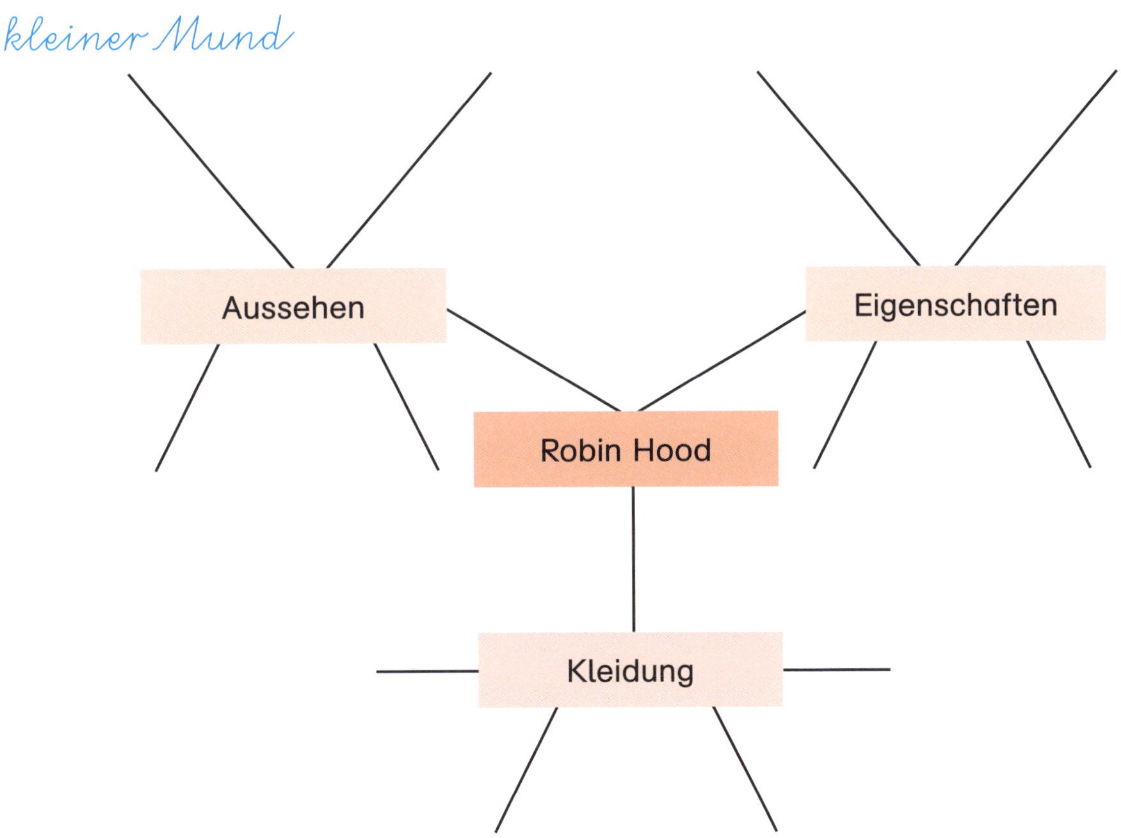

2 Schreibe ein Personenrätsel. Stelle es einem Partnerkind vor. Was kannst du noch verbessern? Stellt die Personenrätsel der Klasse vor.

Sprachstudio

Zeitform: Zukunft

ich werde üben
du wirst üben
er wird üben
sie wird üben
es wird üben

wir werden üben
ihr werdet üben
sie werden üben

Aber erst in der Zukunft!

1 Schreibe die Verben in der ich- und in der er-Form in der Gegenwart und in der Zukunft.

Grundform: Verb	Gegenwart: Pronomen + Verb	Zukunft: Pronomen + Hilfsverb + Verb
erzählen	ich erzähle er	ich werde erzählen
messen		
nähen		
träumen		
klettern		

2 Erzähle mit diesen Verben, was du in der Zukunft vorhast.

reisen   bauen   fliegen   arbeiten

Vergleiche deine Zukunftspläne mit einem Partnerkind. Stellt eure Sätze der Klasse vor.

zu Das Auer Sprachbuch 4, Seite 68

Sprachstudio

Satzglieder: Ortsangaben und Zeitangaben

1 Erweitere die Sätze mit den passenden Ortsangaben und Zeitangaben. Kennzeichne die Orts- und Zeitangaben.

Ortsangaben: unter einem Laubhaufen | auf der Straße | im Meer | im Kino | in Deutschland | aus der Erde | in Höhlen | in den Bergen | im Dorf

Zeitangaben: am 24. Dezember | im Winter | an einem Samstag | am 1. Mai | im Sommer | im Frühling | früher | im Urlaub | manchmal

Wir feiern Weihnachten ______ ______ .

Der Igel schläft ______ ______

______ .

Ich schwimme gern ______ ______ .

Herr Taschenbier traf das Sams ______ ______ .

Schneeglöckchen sprießen ______ ______ .

Die Menschen wohnten ______ ______ .

Mit meiner Familie wandere ich ______ ______ .

Ich sehe ______ gern einen richtig guten Film ______ .

______ stellen wir ______ einen Maibaum auf.

2 Schreibe Sätze über deinen Geburtstag, deine Ferien und über die Schule mit Orts- und Zeitangaben. Kennzeichne die Orts- und Zeitangaben.

Vergleiche deine Sätze mit einem Partnerkind. Stelle sie der Klasse vor. Entdeckt jeder die Orts- und Zeitangaben?

Mit einem Fantasietext unterhalten

1 Erzähle spannend, wie Kroks Geschichte weitergeht. Verwende einige der vorgegebenen Wörter und Satzteile.

Krok erzählt:

Mein Weg führte durch einen Wald. Es wurde dunkel.
Der Mond stand schon am Himmel. Die hohen Bäume rauschten unheimlich.

Plötzlich … Auf einmal … Was war das?

ein Geräusch ein Schatten eine Stimme eine Gestalt ein Leuchten …

seltsam geisterhaft grell dunkel leise schrill …

ich erstarre … ich erschrecke … ich schließe die Augen … ich schreie …

bewegt sich kommt auf mich zu wird heller wird lauter sendet Blitze aus …

Ich rufe: „… Ich fasse mir ein Herz … Ich renne davon … Ich gehe darauf zu … Ich öffne die Augen …

2 Schreibe die Geschichte von Krok.

3 Lies deine Sätze aus Aufgabe 1 einem Partnerkind „spannend“ vor. Achte auf Tempo, Betonung und Lautstärke. Lass dir Rückmeldung geben. Vergleicht die Sätze auch im Klassengespräch.

Verschiedene Arten, sich zu verständigen

1 Der Gesichtsausdruck (Mimik) sagt viel. Schreibe zu den Bildern.

2 Du kannst auch mit deinem Körper sprechen (Gestik). Was drücken die Kinder mit ihrer Körpersprache aus? Schreibe.

3 Gehörlose „hören“ mit den Augen. Die Gebärdensprache wird unterstützt durch deutliche Mundbewegungen, Gestik und Mimik. „Sprich“ einen Satz in der Gebärdensprache.

Sprachstudio

Auf Veränderungen in Wörtern achten

Krok ist mein Freund .

Das ist der Hut meines Freundes .

Ich spiele mit meinem Freund .

Hast du meinen Freund gesehen ?

1 Bilde jeweils drei Sätze aus den Verben und einem Tier aus der Bildleiste.

der kleine Vogel

die graue Katze

der freche Hase

Im Garten | singt | hüpft | schleicht |  .

Im Garten

Ich freue mich über | das Lied | das Schnurren | die Sprünge |  .

Ich bringe  | Heu | Milch | Körner | .

2 Schreibe ähnliche Sätze über dein Lieblingstier. Lies sie einem Partnerkind und der Klasse deutlich vor.

zu Das Auer Sprachbuch 4, Seite 75

Schreibstudio Ein Cluster nutzen

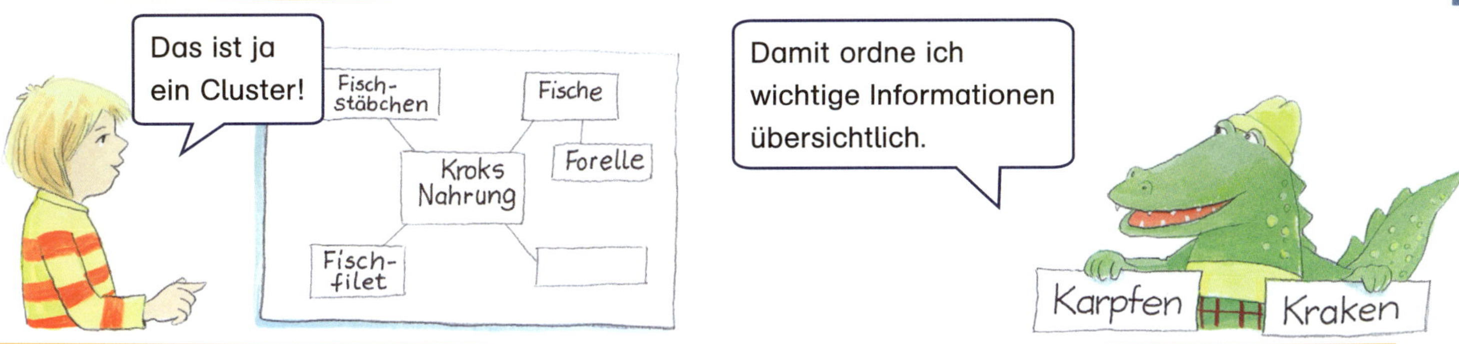

1 Lies den Text. Unterstreiche wichtige Informationen.

Nach der Schule

Wenn der Unterricht vorbei ist, müssen die Hausaufgaben erledigt werden. Ein Gedicht soll geübt werden. Schwierige Mathematikaufgaben warten auf ihre Lösung.
Für manche Kinder steht ein Musikinstrument auf dem Plan. Nun gilt es, Klavierstücke zu üben oder am Schlagzeug sicher zu werden.
Auch Sport gehört zum Nachmittagsprogramm. Fußball oder Judo ist angesagt.
Aber am wichtigsten ist die Zeit zum Spielen. Endlich können wir ins Schwimmbad gehen oder mit Freunden ein Lager bauen.
Der Abend kommt wie immer viel zu schnell.

2 Ordne die wichtigen Informationen in das Cluster ein.

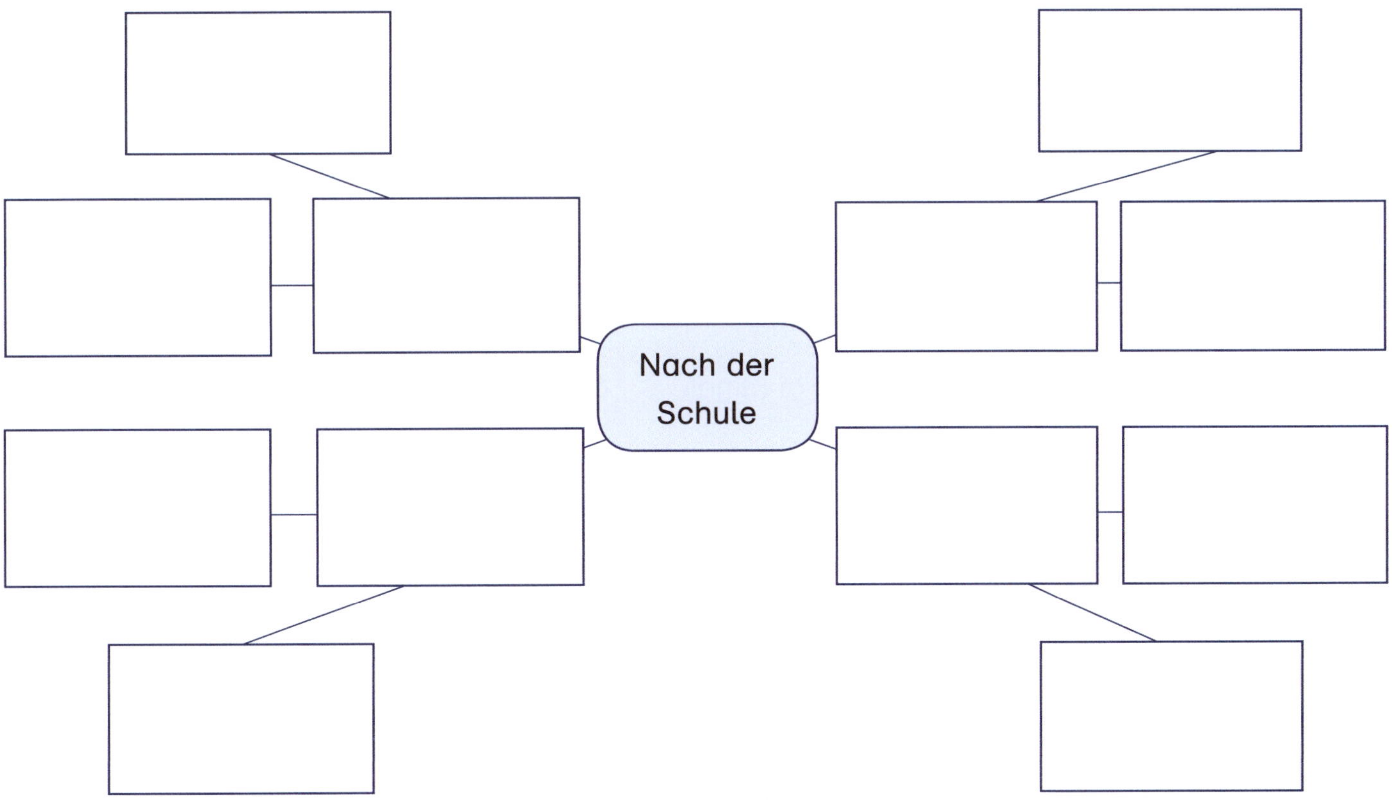

3 Erzähle den Text mithilfe deines Clusters nach.

4 Entwirf ein Cluster zu deinen Aktivitäten nach der Schule.

Andere Sprachen

1 Schreibe das deutsche und das englische Wort unter die Bilder.

apple — snow — garden — cat — grass — bee — fly — snail

Apfel

apple

Vergleicht die Wörter. Wer in eurer Klasse spricht eine andere Muttersprache? Wie heißen die Wörter in ihrer oder seiner Sprache?

2 Unterstreiche in dem Mundarttext die Wörter, die du nur schwer verstehen kannst. Forsche nach ihrer Bedeutung.

Über die Erden muasst barfuß gehen.
Ziag d'Schuach aus, dia machn di blind!

Dann kannst den Weg mit die Zechn sehn,
des Wasser, den Wind.

3 Versuche, den Mundarttext auf „Hochdeutsch" zu schreiben.

Welche Mundart könnt ihr gut verstehen oder sprechen?
Sprecht den Text aus Aufgabe 2 in eurer Mundart. Tragt ihn euch gegenseitig vor.

zu Das Auer Sprachbuch 4, Seite 80

Sprachstudio

Das Nomen in vier Fällen

Flo | zeigt | der Oma | das Auto | des Vaters.

1. Fall: Wer oder was zeigt …?
2. Fall: Wessen Auto zeigt …?
3. Fall: Wem zeigt …?
4. Fall: Wen oder was zeigt …?

1 Bestimme für jedes Nomen das Geschlecht und den Fall.

Die Mutter kauft der Tochter das Fahrrad.

die Mutter: weiblich, 1. Fall
der Tochter: weiblich, 3. Fall
das Fahrrad: sächlich, 4. Fall

Die Tochter leiht der Mutter ein Tuch.

die Tochter: weiblich, 1. Fall
der Mutter: weiblich, 3. Fall
ein Tuch: sächlich, 4. Fall

Der Junge sucht die Brille der Oma.

der Junge: männlich, 1. Fall
die Brille: weiblich, 4. Fall
der Oma: weiblich, 2. Fall

Der Bub trägt der Frau die Tasche.

der Bub: mänhlich, 1. Fall
der Frau: weiblich, 3. Fall
die Tasche: weiblich, 4. Fall

Einen Euro zahlt der Kunde dem Verkäufer.

einen Euro: sächlich, 4. Fall
der Kunde: männlich, 1. Fall
dem Verkäufer: männlich, 3. Fall

Das Kind pflückt der Mutter die Blumen.

das Kind: sachlich, 1. Fall
der Mutter: weiblich, 3. Fall
die Blumen: weiblich, 4. Fall

Vergleicht eure Lösungen und sprecht darüber: Wie verändern sich die Nomen in den vier Fällen? Welches Satzglied bestimmt die Fälle? Kennzeichnet.

☐☐☐ Kannst du sicher nach den Fällen fragen?

Wie ein Dichter schreiben

1 Wer über den „Frühling“ schreibt, sammelt auf der „Wörterwiese“ Frühlingswörter.

Das gehört für mich zum Frühling!	„Frühlings“-Adjektive	„Frühlings“-Verben	So nenne ich den Frühling!
warmer Wind	hell, zart	klingen	Sonnenzeit

2 Bilde aus deinen Wörtern ungewöhnlich schöne Sätze.

Die Sonnenzeit klingt hell und zart.

3 Mit deinen Sätzen kannst du ein Gedicht schreiben.
Denke auch daran:

- Was bringt der Frühling?
- Was siehst und hörst du?
- Warum magst du ihn?

4 Gestalte dein Frühlingsgedicht in Frühlingsfarben. Trage es der Klasse vor.

zu Das Auer Sprachbuch 4, Seite 82/83

Satzarten (Wiederholung)

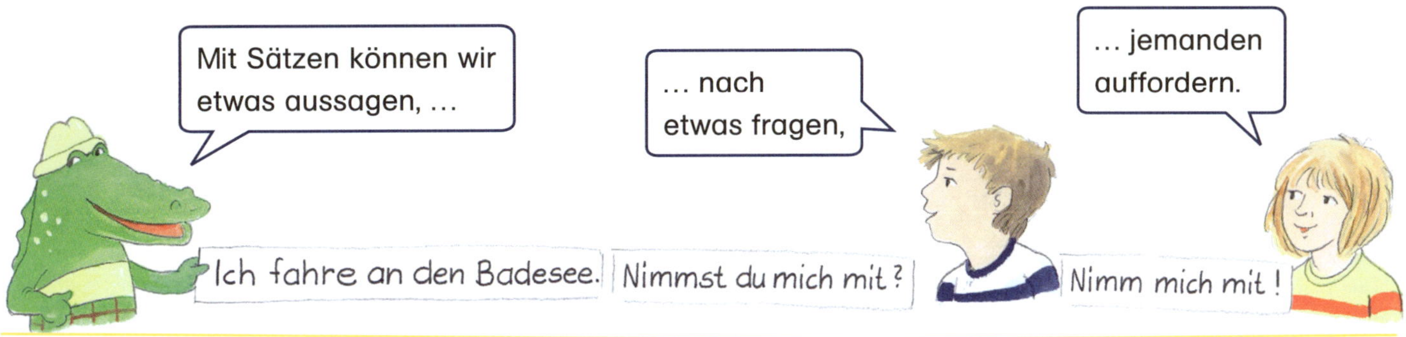

1 Formuliere Aussagesätze zum Bild. Setze die richtigen Satzzeichen.

2 Formuliere Fragesätze zum Bild. Setze die richtigen Satzzeichen.

3 Formuliere Aufforderungssätze zum Bild. Setze die richtigen Satzzeichen.

4 Betone unterschiedliche Wörter in diesem Satz (Klangprobe). Schreibe den besonderen Sinn dazu. Schreibe so:

Lea, nicht jemand anderes.
↓
[Lea] hat [meinen] [Ball] auf's [Dach] [geworfen] .
↓
Lea hat [meinen] Ball …

Wortarten und Satzglieder (Wiederholung)

1 Bestimme die Satzglieder. Schreibe zu jedem Satzglied, was du weißt.

Der mutige Krok macht einen Salto.

Der mutige Krok		
Subjekt		

Er schwimmt den ganzen Tag im See.

2 Bestimme die Wortarten mithilfe des Wortartenbaumes (Seite 104–105).

Der	mutige	Krok	macht	einen	Salto.
bestimmter Artikel					

Er	fängt	einen	dicken	Fisch.

3 Bestimme die Wortarten. Bestimme die Satzglieder.

Der nette Krok schenkt den Kindern eine schöne Muschel.

„Zerlegt“ selbst erfundene Sätze in Satzglieder oder Wörter. Bestimmt sie.

Schreibstudio Einen Sachtext vorbereiten

1 Male das Fahrrad möglichst genau weiter. Achte darauf, wie die einzelnen Teile miteinander verbunden sind und wie sie funktionieren. Vergleiche deine Arbeit mit einem Partnerkind. Was kannst du verbessern?

2 Löse das Fahrradrätsel für Profis.

1. Vorderlicht
2. äußerer Teil des Reifens
3. innerer Teil des Reifens
4. das Metallgestell
5. Bremse hinten
6. Fahrradsitz
7. Fußauflage

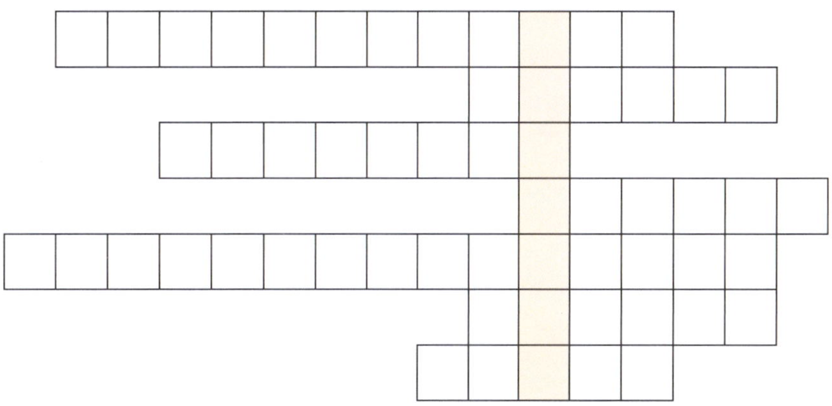

Lösungswort: _ _ _ _ _ _ _

3 Welche Teile braucht ein verkehrssicheres Fahrrad? Begründe.

Vokale, Konsonanten, Umlaute, Zwielaute

1 Kennzeichne die Vokale rot und die Konsonanten blau.

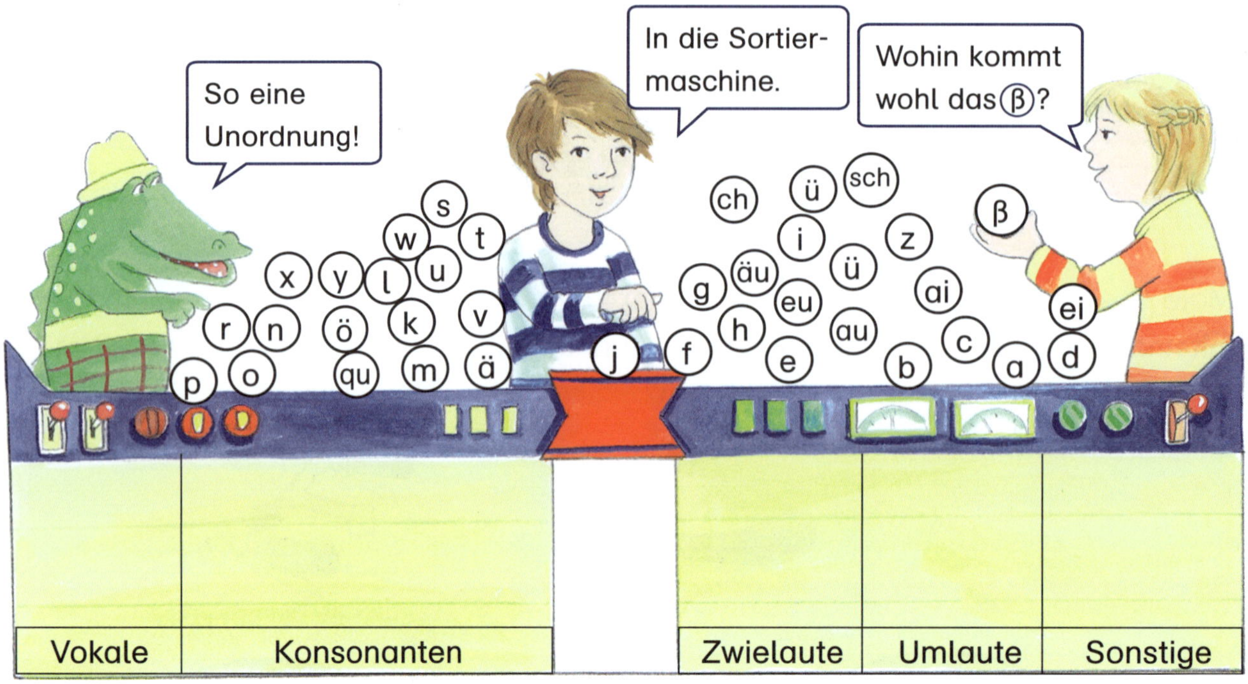

2 Schreibe die Buchstaben geordnet in die Spalten.

3 Schreibe die Wörter getrennt. Jede Silbe hat einen Vokal, Umlaut oder Zwielaut (Diphthong) als Silbenkern. Kennzeichne den Silbenkern.

kaufen Äpfel tragen Sache Woche Gebäude sprechen reiten
Gesicht Zeitung Sache Wurst Ärzte weinen König
rufen Vögel heute Leute schützen machen Pfütze
Flasche Erde Kaiser Finger Zeugnis

kau-fen,

4 Kannst du alle Wörter sicher trennen? Versuche es mit langen Wörtern aus der Wörterliste (Seite 96–103) oder aus dem Wörterbuch.

☐☐☐ Wie sicher erkennst du Vokale, Umlaute und Zwielaute (Diphthonge)?

zu Das Auer Sprachbuch 4, Seite 90

Deutlich sprechen

1 Schreibe die Wörter, bei denen es genügt, deutlich zu sprechen.

Licht Haar Loch Luft Stadt Boden schlecht Vulkan Fisch Nase Milch
Tür Tasche neben essen lachen sprechen tanken helfen gerade kurz
Ding oben wahr Geschichte genau Zimmer gehören Finger
Mensch etwas zusammen reiten reich Zeitung gleich neu

____

____

____

____

____

2 Unterstreiche die Wörter, bei denen deutliches Sprechen genügt.

Jeder hilft

An unserer Schule hilft jeder mit.
Besucher werden von jedem freundlich begrüßt.
Unser Zimmer wird sauber gehalten.
Der Papierkorb muss jeden Tag ausgeleert werden.
Einige Schülerinnen und Schüler sprechen noch nicht gut deutsch.
Einige von uns lernen langsamer als die anderen.
Sven braucht mit seinem Rollstuhl manchmal Hilfe.
Unsere Blumen brauchen frisches Wasser.
Auch die Garderobe soll ordentlich sein.

3 Schreibe die Wörter, die du nicht unterstrichen hast. Zeichne die Lupenstellen ein.

4 Lass dir den Text aus Aufgabe 2 diktieren.

Verben in der 1. Vergangenheit

1 Unterstreiche die Verben in der Gegenwart.

Ein toller Ausflug
Heute gehen wir mit Krok in den Zoo. Wir nehmen den Bus. Bald kommen wir im Zoo an. An der Kasse kaufen wir die Eintrittskarten. Dann stehen wir lange bei den Elefanten. Da hebt der größte Elefant seinen Rüssel. Er schaut zu Krok und zieht ihm den Hut vom Kopf. Da lachen wir alle.

2 Schreibe den Bericht für das Tagebuch von Flipp. Dazu schreibst du in der 1. Vergangenheit. Die Verbformen im Kasten helfen dir.

gingen lachten schaute zog standen kauften kamen nahmen hob

____

____

____

____

____

____

____

3 Schreibe diese Verben in der 1. Vergangenheit. Schreibe in der ich- und wir-Form. Vergleiche mit einem Partnerkind. Stellt eure Lösungen der Klasse vor.

können geben halten heißen lassen scheinen
schieben vergessen schlafen schneiden steigen trinken

4 Setze Verben aus der Wörterliste (Seite 96–103) oder aus dem Wörterbuch in die 1. Vergangenheit. Kennzeichne schwierige Formen.

Verben in der 2. Vergangenheit

1 Flo erzählt das Erlebnis ihrer Mutter. Sie erzählt in der 2. Vergangenheit. Schreibe den Text von Seite 48 in der 2. Vergangenheit. Die Verbformen im Kasten helfen dir.

____

____

____

____

____

____

____

____

sind gegangen haben genommen haben gestanden haben gekauft
sind angekommen hat gehoben haben gelacht hat geschaut hat gezogen

2 Setze die Verben in die Zeittabelle ein. Verwende die ich-Form.

bleiben, kommen, sehen, laufen

Gegenwart	1. Vergangenheit	2. Vergangenheit

Besprecht die veränderte Schreibung der Verben in der 2. Vergangenheit

Silben nutzen

Krok hat eine nasse Nase!

In jeder Silbe ist ein Silbenkern. Es kann ein Vokal, Umlaut oder Zwielaut sein.

nạs-se: 1. Silbe geschlossen

N<u>a</u>-se: 1. Silbe offen

1 Trenne die unterstrichenen Wörter so: Was|ser.

Kaulquappen

Im <u>Wasser</u> <u>schweben</u> Schnüre aus durchsichtigen <u>Perlen</u>.
Das sind die Eier vom Wasserfrosch.
In den Eiern sehen wir <u>schwarze</u> Punkte.
Diese Punkte werden <u>größer</u>.
Kleine Kaulquappen <u>schlüpfen</u> aus den Eiern.
Sie <u>haben</u> <u>runde</u> <u>Körper</u> und <u>spitze</u> Schwänze.
Nun <u>müssen</u> sie <u>fressen</u> und wachsen.
Eines <u>Tages</u> entdecken wir <u>kleine</u> Hinterbeine.
<u>Später</u> bekommen die Tierchen Vorderbeine.
Bald <u>hüpfen</u> die Kaulquappen als Frösche an Land.

2 Schreibe die gekennzeichneten Wörter aus Aufgabe 1 in Silben. Kennzeichne in jeder Silbe den Vokal, Umlaut oder Zwielaut (Diphthong).

Was-ser,

Der Vokal, Umlaut oder Zwielaut (Diphthong) in einer Silbe heißt Silbenkern.

3 Schreibe weitere Wörter aus dem Text, die man trennen kann, in Silben.

Bei welchen Wörtern wart ihr unsicher? Besprecht euch und sucht passende Regeln.

Betonte Vokale: kurz oder lang? (1)

1 Schreibe die Verben auf. Kennzeichne den betonten Vokal oder Umlaut mit [•] oder [–].

2 Schreibe die Nomen mit Artikel. Kennzeichne mit mit [•] oder [–].

Nagel Arm Pfütze Käfer Glück Stift Tasse Nase

____

____

☐☐☐ Wie sicher kannst du kurze und lange Vokale unterscheiden?

Betonte Vokale: kurz oder lang? (2)

Das @ klingt lang, also: raten
Ich trenne: 1. Silbe ist offen,
also: ra-ten.

raten

Das @ klingt kurz, also: Ratten
Ich trenne: 1. Silbe ist geschlossen,
also: Rat-ten.

Ratten

1 Schreibe die Wörter auf und trenne sie. Kennzeichne mit [–x] oder [•xx].

liegen stellen Männer Zwiebel schwimmen kommen drehen
Pfütze Säfte lassen steigen Länder schützen Seite

lie-gen,
— x

2 Kennzeichne mit [–x] oder [•xx]. Schreibe die Wörter geordnet auf.

Räder (–x) schlafen immer können ziehen Koffer
schwierig Schlüssel stimmen helfen Käfig

1. Silbe: offen	1. Silbe: geschlossen
Räder,	

3 Finde in der Wörterliste (Seite 96–103) oder im Wörterbuch je zehn weitere Wörter mit offenen und geschlossenen Silben.

☐☐☐ Wie sicher kannst du offene und geschlossene Silben unterscheiden?

Richtig schreiben 2 Wortfamilien

1 Bilde Wörter zur Wortfamilie SCHRECK. Schreibe sie auf und kennzeichne den Wortstamm.

Vorsilbe	Wortstamm	Nachsilbe
ER, AUF, AB, ZURÜCK	SCHRECK	LICH, HAFT, EN

2 Bilde mit vier Wörtern aus Aufgabe 1 Sätze.

3 Bilde zehn Wörter zur Wortfamilie HALT. Schreibe sie auf und kennzeichne die Wortbausteine. Vergleiche mit einem Partnerkind. Sprecht in der Klasse darüber.

Vorsilbe	Wortstamm	Nachsilbe
ER, AUF, AB, DURCH, UN	HALT	BAR, LOS, UNG, EN, ER

Richtig schreiben 2 Wortstämme verändern sich

Der Wortstamm verändert sich manchmal.

zer|reiß|en

ge|riss|en

Achte auf den betonten Vokal. Klingt er lang oder kurz?

Kurzer Vokal: **ss**, langer Vokal: **ß**.

1 Bilde Wörter zur Wortfamilie beiß. Schreibe sie und kennzeichne den Wortstamm.

Vorsilbe	Wortstamm	Nachsilbe
an, ab, ge, durch	beiß, biss	ig, en

2 Kennzeichne in den Wörtern aus Aufgabe 1 den betonten Vokal, Umlaut oder Zwielaut (Diphthong) mit • oder –.

3 Bilde 20 Wörter zur Wortfamilie schließ. Schreibe sie auf und kennzeichne die Wortbausteine.

Vorsilbe	Wortstamm	Nachsilbe
be, auf, ab, ver, ge, ein	schließ, schloss, schlüss	en, bar, lich, ung, el, er

4 Bilde Sätze mit den Wörtern aus Aufgabe 1 und 3. Vergleiche mit einem Partnerkind. Sprecht in der Klasse über die unterschiedliche Schreibweise des Wortstamms.

Einen Text für ein Diktat vorbereiten

Abschreibtipp

1. Lies und sprich den Satz genau.
   Worauf achtest du besonders?
2. Decke den Satz zu.
3. Schreibe den Satz und sprich leise dazu.
4. Kontrolliere, ob der Satz richtig geschrieben ist.

1 Schreibe den Text mit dem Abschreibtipp ab.

Ich bin sehr gerne Drachenforscher.

Ich

Ich reise oft in fremde Länder.

Dort finde ich immer kostbare Schätze:

Zuletzt fand ich eine Kiste

voll mit langen Drachenzähnen.

2 Leuchte die richtig geschriebenen Wörter aus Aufgabe 1 an. Schreibe deine „unsicheren Wörter“ auf. Kennzeichne die Lupenstellen.

3 Übe deine unsicheren Wörter mit der Lernstraße.

1. Tag Alle unsicheren Wörter zweimal abschreiben.	2. Tag Alle Wörter diktieren lassen.	3. Tag Alle Wörter auswendig schreiben.

Hast du dein Ziel erreicht? Kannst du alle Wörter richtig schreiben?

Wortstämme mit Dehnungs-h

1 Bilde möglichst viele Wörter. Kennzeichne h. Achte auf die Wortart.

AUF		EN
AB	ZAHL	ER
BE	ZÄHL	BAR
VER		UNG

AB		ER
AUS	WAHL	EN
VER	WÄHL	BAR

2 Kennzeichne h im Wortstamm. Ordne die Wörter dem passenden Wortstamm zu..

fahrlässig – bewohnen – Wahrheit – wohnlich – befahren – Wohnung – Unwahrheit – wahrhaft – Fahrzeug – wohnen – Fahrer – wahrlich

WOHN	WAHR	FAHR

Wie kannst du die Wörter auf dieser Seite am besten üben?

Richtig schreiben 3 -h- hörbar machen

1 Schreibe die Wörter getrennt. Kennzeichne -h-.

wehen ________	blühen ________	stehen ________
gehen ________	drehen ________	sehen ________
die Ruhe ________	die Höhe ________	die Mühe ________

2 Verlängere die Wörter und schreibe getrennt. Kennzeichne -h-.

 die Ku ⤳ ________ → ________

 der Flo ⤳ ________ → ________

 der Schu ⤳ ________ → ________

 der Ze ⤳ ________ → ________

3 Schreibe die Sätze. Verlängere die Lückenwörter.

Die Fahne we t am Fahnenmast.

____

Der Hahn krä t frü am Morgen.

____

Ein Re ste t na am Waldrand.

____

☐☐☐ Wie sicher kannst du das h hörbar machen?

Auf Veränderungen in Wörtern achten

Ich schenke dir zu deine_ Geburtstag eine_ Hut.

Toll! Aber sprich deutlich: **n** oder **m** ?

1 Bilde Sätze. Achte auf die passende Form von mein, dein, sein, ihr, unser, euer, ihr.

mein  dein  sein  ihr  unsere  euer  ihr 

holen suchen malen sehen kaufen finden brauchen

Ich hole meinen ______________________

____

____

____

____

2 Verwende die richtige Wortform.

______________ Hut möchtest du? (welch_)

Ich nehme vielleicht ______________ Hut. (dies_)

Eigentlich suche ich ______________ roten Hut. (ein_)

Aber ich sehe hier ______________. (kein_)

______________ willst du den Hut schenken? (we_)

Ich kaufe ______________ Hut für Flipp. (de_)

Er ist ______________ Krok (vo_) als Geschenk

______________ Geburtstag. (zu_)

Flipp wird ihn den ______________ Tag tragen. (ganz_)

3 Übe die Sätze als Partnerdiktat.

zu Das Auer Sprachbuch 4, Seite 104

Richtig schreiben 3

Häufige Wörter

1 Übe die Wörter mit der Übungsliste vier Tage lang. Wie gut kannst du sie dann? Welche musst du weiter üben? Erinnere dich an den Abschreibtipp auf Seite 55.

ab — ob — bis — dann — wann — hier — nie — wieder

zurück — immer — voll — zusammen — zuletzt — wenig — nichts — man

1. Tag	2. Tag	3. Tag	4. Tag: diktieren lassen

2 Bilde an jedem Übungstag mit vier Wörtern Sätze.

Eine Übungskartei erstellen

Ich schreibe Sätze mit vielen Wörtern mit **-h-** für die Übungskartei.

Das Reh fährt Bahn.
Der Hahn

Ich setze schwierige Verben in alle Formen und übe sie.

ich ziehe
du ziehst
er

Ich sammle viele Wörter mit **V** für die Kartei.

Veilchen,
Vers, Vater,
Vulkan, V

1 Schreibe für deine Übungskartei jeweils einen Satz aus möglichst vielen h-Wörtern.

erzählen zahm Reh Höhle wohnen wahr ...

Zahnweh Zahnarzt zehn Zähne hohl ziehen ...

Frühling fröhlich Jahr Fahne Lehrerin fahren ...

Fehler zählen ohne Belohnung nehmen ...

2 Setze die Verben in alle Personalformen.

ich	ich gehe		
du			
er		er zieht	
wir			
ihr			
sie			sie ziehen

3 Bilde Sätze mit den Wörtern: ihn, ihm, ihnen.
Diktiere deine Sätze einem Partnerkind. Diktiere einen Satz der Klasse.

zu Das Auer Sprachbuch 4, Seite 106

Wörter mit ck und tz

1 Schreibe Verben mit passenden Anfangsbausteinen. Kennzeichne mit •XX.

VER	BE	STECK	DECK	BLICK	EN
ER	ENT	SCHRECK	PACK		

VER	ER	SCHÜTZ	LETZ	PLATZ	EN
BE	AUF	SETZ	SCHMUTZ		

Bildet in Partnerarbeit mündlich mit den Verben Sätze. Überprüft, ob ihr sinnvolle Wörter gebildet habt.

2 Setze die passenden Wörter in die Lücken. Achte auf die Form.
Kennzeichne mit •XX.

Es herrscht eine große ______.

Krok ______ in der Sonne.

Er ______ ein Eis.

______ kommt ein Gewitter.

Es regnet, donnert und ______.

Krok ruft: „______! Jetzt kann ich in die ______ hüpfen“.

schlecken
Hitze
schwitzen

plötzlich
blitzen
Spitze
Pfützen

☐☐☐ Wie sicher kannst du Wörter mit ck und tz schreiben?

Wortbausteine: Nachsilben

Mit euren Nachsilben könnt ihr Wörter in eine andere Wortart verwandeln.

schlafen

schlaf los

1 Verwandle die Verben und Nomen in Adjektive.

einfühlen teilen biegen waschen heilen
leben der Traum die Mühe der Schmerz

bar los haft sam

▲ ______________________________

▲ ______________________________

2 Verwandle die Verben und Adjektive in Nomen.

finster sicher wild fröhlich
wagen hindern wohnen erklären

heit keit ung nis

▲ ______________________________

▲ ______________________________

▲ ______________________________

3 Vervollständige die Sätze. Verwandle in die richtige Wortart.

Frida und Kemal begrüßen einander sehr ______________. (das Herz)

Hannes freut sich über Florians ______________. (hilfsbereit)

Das Schachspiel erfordert viel ______________. (aufmerksam)

Tims ______________ über Wale sind gut verständlich. (erklären)

Jan tröstet seinen Freund. Jan ist sehr ______________. (einfühlen)

Welche Wörter auf dieser Seite gefallen dir besonders? Erkläre einem Partnerkind, warum.

Zusammengesetzte Nomen: Besondere Nahtstellen

Krok zeigt seine weißen Krokodilszähne.

Und sein Hut ist der letzte Schrei: Ein helllila Sonnenhut!

Bei diesen Wörtern müsst ihr besonders auf die Nahtstellen achten.

Krokodilszähne

helllila

Sonnenhut

1 Bilde zusammengesetzte Nomen. Füge als Nahtstelle s oder n ein.

Flasche Liebling Hase Tinte
Familie Namen Pause Glück

n
s

Futter Post Klecks Foto
Schild Hof Essen Pilz

Hier gibt es ein besonderes Buchstabengedränge!

2 Schreibe zusammengesetzte Nomen. Kein Buchstabe darf verloren gehen. Kennzeichne die besondere Nahtstelle.

See + Elefant | Bett + Tuch | Tee + Ernte

Schritt + Tempo | Fußball + Lehrer | Schiff + Fahrt

3 Kennst du dich jetzt mit besonderen Nahtstellen aus? Schreibe.

 ______ (Müll, Laster)

 ______ (Kunststoff, Flasche)

 ______ (Tasche, Messer)

 ______ (Urlaub, Foto)

4 Forsche in Kinderbüchern nach zusammengesetzten Nomen. Schreibe sie auf und kennzeichne die Nahtstelle.

Wörter mit chs, x, ks

chs | x | ks

1 Ordne die Wörter zu. Kennzeichne die Lupenstellen.

das Wachs das Lexikon die Eidechse der Mixer der Fuchs die Axt wachsen
die Praxis das Taxi der Dachs sechs links der Keks der Text

chs ______________________________

____

x ______________________________

____

ks ______________________________

2 Setze passende Wörter aus Aufgabe 1 ein.

In einem ____________ kann man Wissenswertes nachlesen.

Der Arzt behandelt seine Patienten in einer ____________.

Das ____________ tropft von einer Kerze.

Die ____________ ist ein Reptil.

3 Schreibe die Verben in den Personalformen.

wachsen	wechseln
ich wachse	
du	
er	
wir	

4 Lass dir alle Wörter aus Aufgabe 1 von einem Partnerkind diktieren. Kontrolliert gemeinsam.

☐☐☐ Wie sicher kannst du Wörter mit dem ks-Laut schreiben?

zu Das Auer Sprachbuch 4, Seite 111

Fehler berichtigen (1)

1 In jedem Satz ist ein Fehler versteckt. Unterstreiche das Fehlerwort. Male den Tipp und berichtige den Fehler.

Die Kider der Klasse 4b zeichnen Comics. ☐ Kinder

Marco zeichnet einen Comic über astronauten. ☐ ____________

Sie erforschen die Tife des Weltraumes. ☐ ____________

In Emils Comic geht es um Wunschbeume. ☐ ____________

Jeder kann sich seine Wünsche erfülen. ☐ ____________

Lena zeichnet ein Abenteuer in einer Höle. ☐ ____________

Dort begegnet ein furcht loser Prinz einem Dino. ☐ ____________

2 In diesem Text findest du neun Fehler. Unterstreiche sie und schreibe den Text richtig auf.

Auf der Wiese for unserem Haus ist ein Raumschif gelandet.
Ein komisches Wesen steikt aus. Es tregt einen roten Raum Anzug.
Das Wesen wingt mir freuntlich zu. Zum Glük kann es unsere Sprache sprechen. Es ruft sehr freundlich: „Hallo kleiner Erdenbewoner!
Hast du Lust auf eine Reise um euren Planeten?“

Verben und Adjektive mit Doppelkonsonanten

So entdecke ich Doppelkonsonanten.

Beim Verb hilft die Grundform: bren-nen

Beim Adjektiv hilft die Vergleichsstufe: schnel-ler

1 Schreibe die Wörter geordnet auf. Kennzeichne mit •xx.

schlimm	brennen	schwimmen	dumm	kommen	schnell	stellen
beginnen	kämmen	donnern	hell	dünn	voll	rennen	rollen

-mm- schlimm, ______________________________
(• x x)

____

-ll- ______________________________

-nn- ______________________________

2 Ergänze die Verben in der richtigen Form.

Basti ______________ auf den Berg.

Der Hund ______________ das Wasser aus seinem Fell.

______________ du es, alles richtig zu schreiben?

Der Polizist ______________ den Autofahrer.

Anna ______________ sich mit Mateja im Kino.

Emre ______________ das Rätsel lösen.

schütteln | klettern | schaffen | stoppen | können | treffen

3 Bilde von diesen Adjektiven die 1. und 2. Vergleichsstufe.

glatt – ______________ – ______________

dünn – ______________ – ______________

hell – ______________ – ______________

nett – ______________ – ______________

4 Bilde mit drei Verben und drei Adjektiven aus Aufgabe 1 Sätze.

☐☐☐ Wie sicher kannst du Verben und Adjektive mit Doppelkonsonanten schreiben?

Wörter mit ss oder ß

1 Setze ss oder ß richtig ein. Achte auf den gekennzeichneten Laut.

Prinze____in Vergi____meinnicht

In einem alten Schlo____ lebte vor langer Zeit eine au____ergewöhnlich schöne Prinze____in. Jeder, der sie gesehen hatte, konnte sie nicht mehr verge____en. Viele Prinzen wollten sie zur Frau und lie____en sich tolle Dinge einfallen, um sie zu gewinnen. Einer ging barfu____ über zersplittertes Glas. Ein anderer schenkte ihr ein Schiff voll mit wei____en Rosen. Ein Dritter kämpfte mit einem äu____erst bi____igen Drachen. Doch die Prinze____in wollte keinen von ihnen.

2 Schreibe den Text aus Aufgabe 1 ab. Kennzeichne ss oder ß und den Vokal/Zwielaut (Diphthong) davor.

3 Achte auf Vokale, Umlaute oder Zwielaute (Diphthonge). Ergänze die fehlenden Wörter. Überprüfe mit der Wörterliste (Seite 96–103) oder mit dem Wörterbuch.

	Gegenwart	1. Vergangenheit	Nomen
messen	sie misst	sie	das
wissen	sie	sie	das
beißen	er	er	der
reißen	er	er	der

☐☐☐ Wie sicher kannst du unterscheiden, wann du **ss** oder **ß** schreiben musst?

Richtig schreiben 5 Wörter mit V/v

1 Setze die passenden Wörter ein. Wie lautet die Lösung?

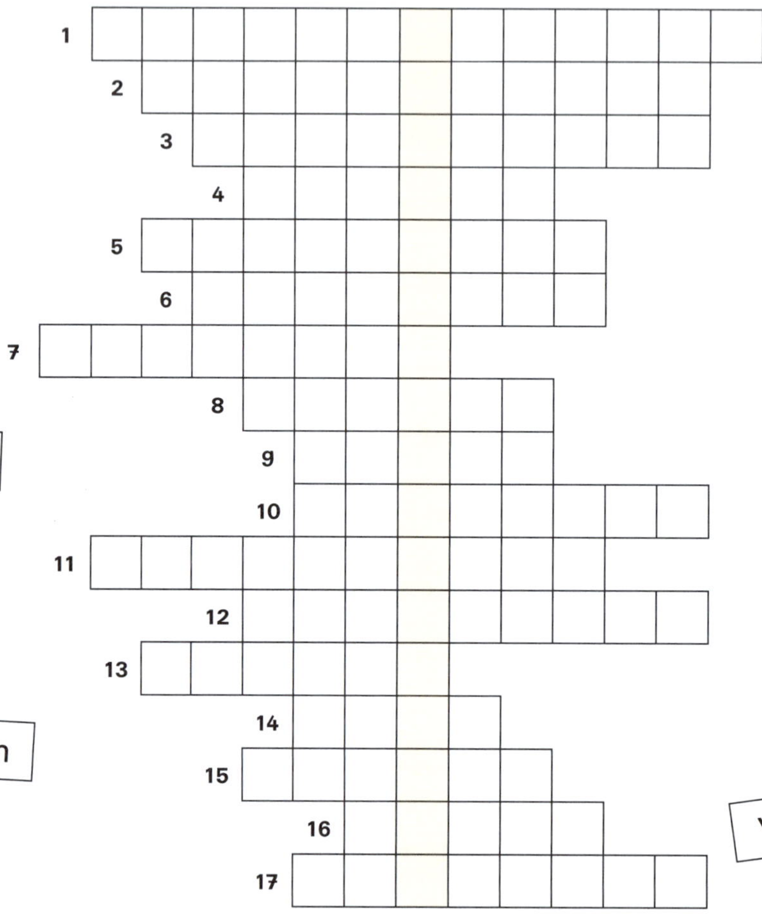

verpacken, Vorsicht, davor, Vorfahrt, Vitamine, verboten, verbrauchen, verbrennen, Verein, verlor, Ventil, Vulkan, vielleicht, Verlierer, viele, brav, Verschmutzung

1. anderes Wort für „Verunreinigung"
2. etwas benützen
3. eventuell
4. Sportvereinigung
5. Gegenteil von „Sieger"
6. Achtung
7. Gegenteil von „erlaubt"
8. erste Vergangenheit von „verlieren"
9. hohe Anzahl
10. Vorrang im Straßenverkehr
11. in Rauch aufgehen lassen
12. in Papier hüllen
13. Teil eines Fahrradschlauches
14. folgsam
15. feuerspuckender Berg
16. Gegenteil von „dahinter"
17. Nährstoffe in Lebensmitteln

2 Gestalte selbst ein Rätsel mit V/v-Wörtern.

3 Gestalte mit den V/v-Wörtern ein Lernplakat.

Wörter mit ß

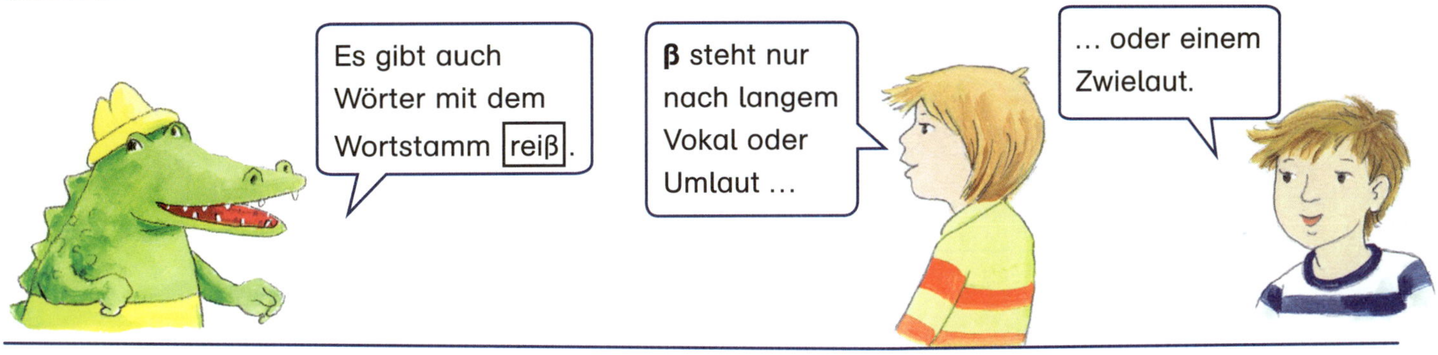

1 Bilde mit dem Wortstamm reiß Wörter. Kennzeichne den Wortstamm und ß.

Vorsilbe	Wortstamm	Nachsilbe
ab, zer, ent	reiß	en, fest, end

____

____

2 Löse die Rätsel.

das Gegenteil von …	
sauer	______
Faulheit	______
drinnen	______
schwarz	______

ein anderes Wort für …	
zusperren	______
einen Namen haben	______
Blumen Wasser geben	______
Fahrbahn	______

3 Bilde zusammengesetzte Nomen. Schreibe sie mit Artikel auf.
Kennzeichne gleiche Wortstämme.

Fuß	groß	süß
Boden	Eltern	Wasser
Sohle	Stadt	Speise
Weg	Einkauf	Holz
Spur	Buchstabe	Kartoffel

____

____

____

____

4 Wähle aus jeder Gruppe zwei Wörter aus. Schreibe Sätze dazu.

Rechtschreibstudio

Partnerdiktat

Denke an die Tipps von S. 55: Einen Text für ein Diktat vorbereiten.

Diktiere so, dass dein Partner gleich alles gut versteht.

Fehlerwörter übst du mit der Lernstraße (S. 55).

1 Lies den Text. Kennzeichne die Lupenstellen in schwierigen Wörtern. Schreibe sie.

Radionacht für Kinder
Dieses Jahr drehte sich bei der Radionacht alles um die geheimnisvolle Unterwasserwelt: Wie klingt der Ozean? Welche Tiere gibt es nur in der Tiefsee? Was für Geräusche machen Meerestiere? Gibt es unter Wasser Gebirge? Zu diesen und anderen spannenden Fragen wurden Hörspiele und Interviews gesendet.

2 Suche dir ein Partnerkind. Diktiert euch den Text gegenseitig.

Satz für Satz diktieren.
↓
Alles richtig?
↓
„Stopp“ bei Fehlern!
↓
Welcher Tipp hilft?
↓
Text korrigieren.
↓
Fehler berichtigen.

☐☐☐ Wie gut ist es dir gelungen, die Regeln für das Partnerdiktat zu beachten?

Wörter verlängern

1 Lies den Text. Schreibe in die Zeilen die verlängerte Form der Lückenwörter. Setze dann den richtigen Buchstaben ein.

Vater erlau[b]t mir, draußen zu übernachten. (erlauben)

Er schlägt das große Zel[ ] auf. (______)

Schon bald wir[ ] es Aben[ ]. (______ ______)

Der Mon[ ] stei[ ]t run[ ] am Himmel empor. (______ ______ ______)

Jedes Geräusch klin[ ]t frem[ ]. (______ ______)

Bellt da ein Hun[ ]? Ruft dort ein Kin[ ]? (______ ______)

Das alles rau[ ]t mir den Schlaf. (______)

Ab ins Haus! Wie schön lie[ ]t es sich in meinem Bett! (______)

Vergleicht eure Lösungen.

2 Schreibe den Text von Aufgabe 1 richtig ab.

Wie verlängert ihr *Staub abends Gold links bald sofort Land Geld*?
Löse zuerst für dich. Vergleiche mit einem Partnerkind.
Welche Lösungen gibt es in der Klasse?

Richtig schreiben 6 Langer Vokal

1 Schreibe die Wörter mit Artikel. Kennzeichne mit _x.

   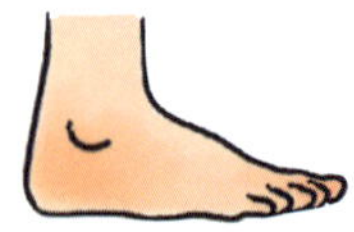

2 Schreibe die Merkwörter mit Doppelvokal auf. Kennzeichne die Lupenstellen.

3 Ordne die Merkwörter mit h. Kennzeichne die Lupenstellen.

erzählen, ohne, wahr, zehn, während, fahren, Zahn, Draht, Fehler, Stuhl, Lehrer, wohnen

ah

äh

eh

oh

uh

4 Übe die Merkwörter. Mit welcher Übungsform gelingt es dir am besten?

5 Diktiert euch die Merkwörter gegenseitig.

Wörter zum Einprägen

ä | i | dt | ai

Wörter, die ich mir merken muss, kann ich zum Beispiel …

… in Wörtertürmen ordnen.

1 Ordne ein: Krokodil, mir, dir, Familie, Medizin, Biber, gib, Igel, Mandarine.

kurze Wörter

Lebewesen

Krokodil

Wörter mit in, ine

… in einem Merkplakat gestalten.

2 Ordne die Wörter den Bildern zu. Schreibe diese Wörter mit ai/ä möglichst oft und in vielen Farben: Käfer, Kaiser, Käfig, Mais, Märchen, Hai, spät, Bär, Mai, Laib.

… in Wortfamilien üben.

3 Schreibe Wörter aus der Wortfamilie „Stadt“:

KLEIN
GROß
HAUPT

STADT

TOR
GRENZE
MAUER
MARKT

… in Sätzen verwenden.

4 Schreibe fünf Sätze mit „verwandt“.

Richtig schreiben 6 Fremdwörter

Fremdwörter musst du dir einprägen.
Du weißt ja, wie das geht (Seite 73)!

1 Schreibe die Fremdwörter in die Lücken.

a) Meine Eltern und ich sind eine ______________.

b) Mit dem ______________ messe ich Kälte und Wärme.

c) Ich zeichne schnell eine ______________.

d) Der ______________ zieht Eisen an.

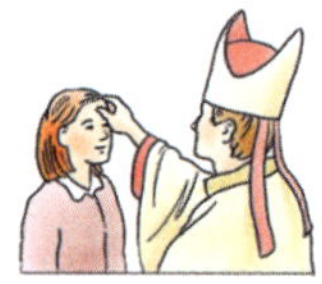

e) Rufe mich bitte auf dem ______________ an.

f) Der ______________ macht lustige Späße.

g) Am ______________ lese ich die Himmelsrichtungen ab.

h) Ein ______________ glaubt an Jesus.

i) Mein Bleistift hat 50 ______________ gekostet.

2 Löse das Kreuzworträtsel mithilfe von Aufgabe 1.

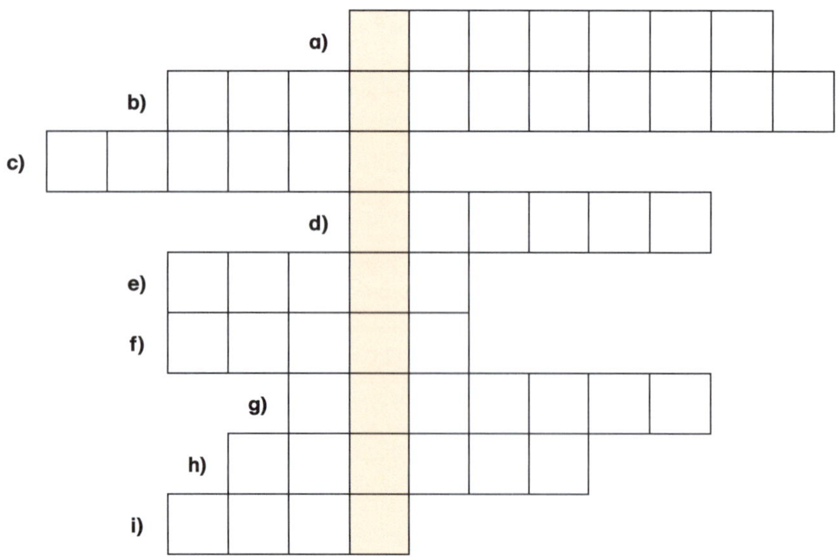

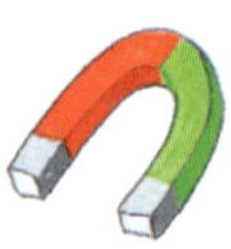

Das Lösungswort heißt: ______________

3 Entwerft in der Gruppe ein Kreuzworträtsel mit anderen Fremdwörtern.

Fehler berichtigen (2)

1 Kennzeichne die Fehler. Schreibe das Wort richtig darunter in die Zeile.

	der Poden der Boden	sprinen	die Zeidung	schengen
	der Abent	runt	der Berk	erlaupt
	ferstecken	steinik	endliech	der Ferkäufer
	häute	leuft	lenger	Sefte
	vergesen	die Kaze	der Bäker	falen
	die Stat	fier	das Hahr	faren

Warum sind diese Fehler passiert? Wie könntet ihr sie vermeiden?

2 In diesem Text findest du sieben Fehler. Kennzeichne sie. Schreibe die Wörter richtig auf. Male den passenden Tipp dazu.

Die Olchis fliegen zum Mont. ______________

Sie steiken in eine Rakete hinein. ______________

Die Rakete ist foll mit Müll. ______________

Bald trefen sie die Mond-Olchis. ______________

Die sind sicher mit ihnen verwant. ______________

Mond-Olchis werden elter als unsere Olchi-Kinder. ______________

Am Ende kommen die Olchis heil haim. ______________

Richtig schreiben 7

Verwandte Wörter

1 Bilde die Mehrzahl. Kennzeichne die Wortstämme.

der Traum – die ______ der Mann – ______

der Ast – ______ die Nacht – ______

der Stamm – ______ der Kamm – ______

2 Bilde die Grundform. Kennzeichne die Wortstämme.

er lässt – ______ er läuft – ______

er fährt – ______ er fällt – ______

er schläft – ______ er hält – ______

3 Suche ein passendes Nomen mit äu oder ä.

rauben – ______ bauen – ______

backen – ______ laufen – ______

sauer – ______ stark – ______

4 Schreibe zum Adjektiv die 1. und 2. Vergleichsstufe.

alt – ______ – ______

lang – ______ – ______

kurz – ______ – ______

stark – ______ – ______

würzig – ______ – ______

Diese Wörter haben zwei Lupenstellen. Du brauchst zwei Tipps.
Kennzeichnet und erklärt: Band – Bänder, Bad – Bäder, Stab – Stäbe.

Verben verlängern

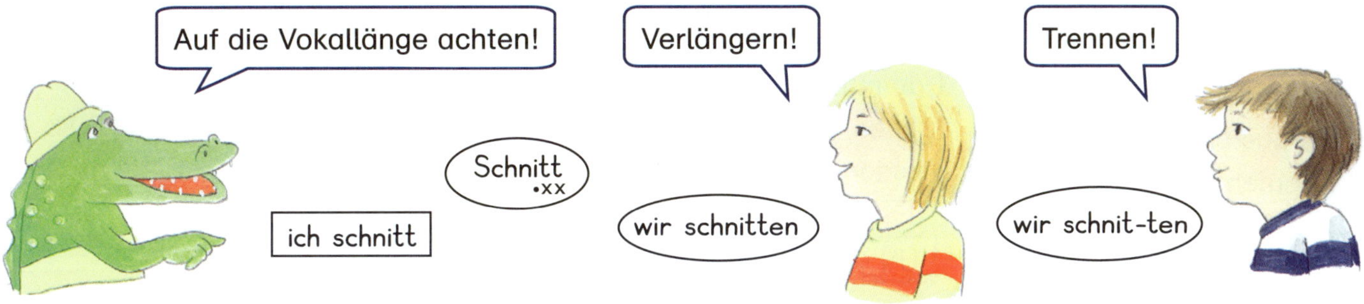

1 Diese drei Tipps helfen bei schwierigen Vergangenheitsformen. Wende sie an.

	•xx ? –x ?	△	✂
ich ritt	ich ritt (• x x)	wir ritten	wir rit-ten
ich kam			
ich schwamm			
ich saß			
ich pfiff			
ich schrieb			
ich sah			

2 Diese drei Tipps helfen dir bei schwierigen Gegenwartsformen. Wende sie an.

	•xx ? –x ?	△	✂
ich kann			
ich muss			
er schwimmt			
sie kommt			
er vergisst			
er liegt			

Erklärt diese Schreibungen.

ich komme – er kam – wir kamen
ich lese – er liest – wir lasen
ich esse – er isst – wir aßen

Wortbaukasten

1 Ordne die Wortbausteine in den Wortbaukasten ein.

BAR | VER | UN | KANNT | LICH | BE | HEIM | STELL

ZEIH | SCHAFT | ANTWORT | GE | FÄHR

Vorsilbe:	Wortstamm:	Nachsilbe:

2 Bilde Wörter mit den Wortbausteinen aus Aufgabe 1. Kennzeichne die Wortbausteine.

4 Schreibe die Wörter in Silben getrennt auf.

Zeitung Vergeltung Begabung Erfahrung fleißig geizig heilig wenig Lehrerin

Erklärt die Schreibung. Sucht weitere Beispiele.

zu Das Auer Sprachbuch 4, Seite 128

Zusammengesetzte Wörter

1 Zerlege die Wörter. Welches Wort bestimmt den Artikel? Kennzeichne.

Schlusslicht: der Schluss, das Licht, das Schlusslicht

Gangschaltung: ______

Kinderrad: ______

Luftpumpe: ______

Gummireifen: ______

Gepäckträger: ______

Handschuh: ______

Ledersattel: ______

2 Ersetze die unterstrichenen Wörter durch ein zusammengesetztes Wort. Kennzeichne die Wortart.

Die Wolken sind schwarz wie Raben. Gleich gibt es einen Bruch der Wolken. Zieht eure Stiefel aus Gummi an. Nehmt eure Mäntel für den Regen. Lauft schnell wie ein Blitz zur Schule. Sonst werdet ihr nass wie ein Pudel. Gleich wird das Wetter mit Donner vorbei sein. Dann ist es wieder klar wie die Sonne.

Die Wolken sind rabenschwarz ▲

______

______

______

______

______

Erfindet Sätze, in denen ein zusammengesetztes Wort etwas genauer ausdrückt.

Rechtschreibstudio Wörtersteckbrief

Mit dem Wörtersteckbrief kannst du jedes Wort erforschen.

Flipp			
LAUTE:	BUCHSTABEN:	SILBEN:	WORTART:
4	5	1	▲
Flipp			

Wörter erkannt! Gefahr gebannt!

1 Fülle die Steckbriefe aus.

Weltreise			
LAUTE:	BUCHSTABEN:	SILBEN:	WORTART:

starten			
LAUTE:	BUCHSTABEN:	SILBEN:	WORTART:

schlimm			
LAUTE:	BUCHSTABEN:	SILBEN:	WORTART:

Flugzeug			
LAUTE:	BUCHSTABEN:	SILBEN:	WORTART:

fliegen			
LAUTE:	BUCHSTABEN:	SILBEN:	WORTART:

Beispiel			
LAUTE:	BUCHSTABEN:	SILBEN:	WORTART:

2 Fülle die Steckbriefe aus. Trage deine Lupenstellen ein. Die passenden Rechtschreibtipps findest du auf Seite 95.

Spannung			
L:	B:	S:	W:
Lupenstellen:			
Tipps:			

entdecken			
L:	B:	S:	W:
Lupenstellen:			
Tipps:			

fantastisch			
L:	B:	S:	W:
Lupenstellen:			
Tipps:			

Vergleiche deine Steckbriefe mit einem Partnerkind. Sprecht in der Klasse darüber, wie die Steckbriefe euch beim Üben helfen.

3 Erstelle Wörtersteckbriefe zu schwierigen Wörtern aus der Wörterliste (Seite 96–103) oder dem Wörterbuch.

Sprache untersuchen

1 Kennzeichne die Wortgrenzen. Schreibe nur die Nomen.

BRIEFKOMMENWUTSTRAUCHLICHTHELLROSEWANDERNUNFALL

____

____

2 Welche Wortart ist das Wort WOCHE? Beweise.

1. ______________________________

2. ______________________________

3. ______________________________

WOCHE ist ein ______________________.

3 Für welches Nomen stehen die unterstrichenen Pronomen?

Krok erzählt:
Ich habe in Afrika meinen Vater besucht. Er ist ein großes Nilkrokodil.
Wir waren oft beim Schwimmen. Auch meine Schwester wohnt dort.
Sie liegt gern in der Sonne. Ihre Freundin war gerade da.
Sie freuten sich über meinen Besuch. „Damit habt ihr nicht gerechnet“,
lachte ich. „Schön, dass du da bist!“, rief meine Schwester.

ich → ______________ sie → ______________

du → ______________ wir → ______________

er → ______________ ihr → ______________

4 Schreibe die Sätze in der 1. und 2. Vergangenheit.

Krok turnt an den Ringen.

1. Vergangenheit ______________________________

2. Vergangenheit ______________________________

Flo springt über den Kasten.

1. Vergangenheit ______________________________

2. Vergangenheit ______________________________

Was kannst du jetzt sicher? Was hast du Neues dazugelernt?

Sprache untersuchen

1 Bilde Sätze. Unterstreiche Subjekt und Prädikat.

fährt | ins Schullandheim | die Klasse 4c

____

mit ihrem Lehrer | die Kinder | erkunden | den Wald

____

am Abend | alle | zusammen | singen

____

2 Setze das passende Bindewort ein.

damit | weil | obwohl | nun

Im Wald essen und trinken die Kinder, ____________ sie hungrig und durstig sind.

Sie sind ganz leise, ____________ sie die Vögel zwitschern hören.

Alle marschieren weiter, ____________ sie schon lange unterwegs sind.

So ein Pech, ____________ beginnt es zu regnen.

3 Setze die Wörter in der richtigen Form ein. Kennzeichne die Wortstämme.

Wolken | Getränk | Unglück | austrinken | bewölkt | glücklich

Am Himmel ziehen viele ________________. Es ist ________________.

Kirschsaft ist ein ________________. Ich werde mein Glas ________________.

Die Kinder der Klasse 4b sind ________________, dass sie ins Schullandheim fahren.

Hoffentlich passiert dort kein ________________.

4 Bilde Sätze mit den Verben wegfliegen, eintauchen.
Kennzeichne das mehrteilige Prädikat.

____

____

Wo warst du unsicher? Wie kannst du weiter üben?

zu Das Auer Übungsheft 4, Seite 10–11, 13–14

Üben und Können 3

Sprache untersuchen

1 Schreibe die Sätze ab. Ergänze die Satzzeichen, Doppelpunkt und Anführungszeichen. Kennzeichne den Redebegleitsatz und die wörtliche Rede.

Paul bittet	Leihst du mir deinen Roller
Gehen wir heute baden	fragt Tom
Wir spielen Wasserball	schlägt Jakob vor

____

____

____

2 Wie müssten die Sätze formuliert sein, damit sie wirken?

Du möchtest länger aufbleiben. ______________________________

____

Du willst deinen Freund beim Fußballspiel anfeuern. ______________________

____

Ihr wollt weniger Hausaufgabe haben. ______________________________

____

3 Formuliere zum Bild jeweils einen Aussagesatz, Fragesatz und Aufforderungssatz.

____

____

____

4 Diese Prädikate fordern eine Satzergänzung im 4. Fall. Bilde zwei Sätze. Kennzeichne die Satzglieder.

suchen schieben

____

____

Welches Können von dieser Seite kannst du beim Verfassen von Texten gut anwenden?

Üben und Können 4 Sprache untersuchen

1 Setze passende Verben aus dem Wortfeld fließen ein.

Aus einer Quelle ______________________ Wasser.

Der Regen ______________________ an das Fenster.

2 Schreibe drei mit Wasser zusammengesetzte Nomen.

____

3 Kennzeichne in jedem Satz Subjekt, Prädikat und Satzergänzung im 3. Fall.

Der kleine Wassermann begegnet dem Karpfen.

Er zeigt ihm den Schuh an der Angel.

Der Schuh gehört dem alten Fischer.

4 Vergleiche die Gebäude miteinander.

____

____

____

5 Ergänze die Tabelle.

Grundform	1. Vergleichsstufe	2. Vergleichsstufe
	besser	
viel		

6 Setze das Verb mit einer passenden Vorsilbe ein.

Emil will sich heute in der Bücherei ein neues Buch ______________. (___suchen)

Aurora und Mateja ______________ Hanna im Krankenhaus. (___suchen)

Was kannst du jetzt sicher? Wie kannst du weiter lernen?

Das Auer Übungsheft 4, Seite 22–23, 25–26

Sprache untersuchen

1 Kennzeichne Subjekt, Prädikat und die Satzergänzung im 3. Fall.

Noah mailt seinem Freund.
Lenas Mutter zeigt uns ihren neuen Laptop.
Lara schaut ihrem Bruder beim Computerspielen zu.

2 Kennzeichne Subjekt, Prädikat und die Satzergänzungen im 4. Fall.

Esra erwartet ihre Freundin Maria.
Sie schreiben einen Bericht für die Schülerzeitung.
Sie entwerfen einen Text. Sie gestalten ihn mit Fotos.

3 Bilde Sätze und schreibe sie auf. Kennzeichne die Satzglieder.

Sylvia	schenken	die Freundin	einen Apfel
Jonathan	geben	eine Karotte	sein Kaninchen
die Rektorin	bringen	die Kinder	Spiele

____

____

____

4 Welche Ausdrücke meinen das Gleiche? Verbinde.

chillen   ätzend   checken   herzig   Oky Doky

etwas verstehen   ausruhen   langweilig   Alles in Ordnung   nett

5 Erkläre: cool down.

____

Konntest du die Satzergänzungen sicher bestimmen? Übe mit eigenen Sätzen weiter.

Sprache untersuchen

1 Schreibe den Text in der Zukunft.

Heute steige ich in meine Rakete. ______________________

Ich fliege zum Mars. ______________________

Dort pflanze ich eine Palme. ______________________

____

____

2 Ergänze jeden Satz mit einer Ortsangabe und einer Zeitangabe.

Ich mache meine Hausaufgaben.

____

Ich habe einen tollen Film gesehen.

____

Ritter kämpften.

____

3 Setze der kleine Ritter in der richtigen Form ein.

______________________ wohnt auf Burg Eulenstein.

Der Vater ______________________ heißt Ritter Rotbart.

Er schenkt ______________________ ein Schwert.

Das macht ______________________ sehr stolz.

4 Setze in jeden Satz das Wort Kinder in der richtigen Form ein.

Bei manchen ______________________ ist das Gehör sehr schwach. Diese ______________________ müssen schwierige Dinge lernen. Sie sollen sich ja mit anderen ______________________ verständigen können. Deshalb lernen diese ______________________, Wörter vom Mund abzulesen. Auch das Sprechen mit Gebärden wird den ______________________ beigebracht.

Erforsche Sätze aus Kinderbüchern. Kannst du sicher bestimmen, welche Fälle die Prädikate fordern?

Das Auer Übungsheft 4, Seite 34–35, 37–38

Sprache untersuchen

1 Frage nach den Nomen. Schreibe Geschlecht und Fall dazu.

Die Verkäuferin schenkt dem Kind den Apfel.

die Verkäuferin: Wer oder was? 1. Fall, weiblich

dem Kind: Wem? 3. Fall, sächlich

den Apfel: Wen oder was? 4. Fall, männlich

2 Formuliere zu dem Bild einen Aussagesatz, einen Fragesatz und einen Aufforderungssatz. Denke an die Satzzeichen.

3 Teile den Satz in Satzglieder. Bestimme die Satzglieder.

Paula schießt den Ball in das Tor.

4 Teile den Satz in Wörter. Bestimme die Wörter.

Die Lehrerin lobt den fleißigen Schüler.

Bei welchen Aufgaben warst du unsicher? Wie möchtest du weiterüben?

Richtig schreiben

1 Schreibe …

… alle Vokale ____________ … alle Umlaute ____________

… alle Zwielaute ____________ … einige Konsonanten ____________

2 Schreibe die Wörter getrennt. Kennzeichne die Silbenkerne.

laufen Schlange Häuser Lederhose fliegen

3 Sprich deutlich und schreibe.

4 Setze den Text in die 1. Vergangenheit.

Heute turnen wir.
Peter klettert an den Seilen.
Fatima springt über den Kasten.
Dann spielen wir Jägerball.

Gestern

5 Setze den Text in die 2. Vergangenheit.

Gestern

Bei welchen Aufgaben warst du unsicher? Wie möchtest du weiterüben?

Richtig schreiben

1 Kennzeichne in jedem Wort den betonten Vokal oder Umlaut mit [•] oder [–].

schaffen halten sägen stehen kleben

schwimmen rufen suchen turnen klettern

2 Schreibe die Wörter. Kennzeichne mit [–x] oder [•xx].

T  Z  H  r  sch 

3 Trenne die Wörter aus Aufgabe 1 und 2. Ordne sie.

1. Silbe: geschlossen

1. Silbe: offen

4 Schreibe die Wörter nach Wortfamilien geordnet auf. Kennzeichne den Wortstamm.

Vorfahrt	brennen	stehen	Fahrrad
Fähre	brannte	es fährt	verbrannt
du stehst	gebrannt	ich stehe	verstehen

fahr

brenn

steh

5 Suche mindestens fünf Wörter zur Wortfamilie [stellen]. Übe sie mit der Lernstraße.

Meine Übungswörter:

War dein Üben erfolgreich? Gebt euch gegenseitig Übungstipps.

Üben und Können 3

Richtig schreiben

1 Ergänze das verwandte Verb. Kennzeichne den Wortstamm und **h**.

die Umkehr – ____________ der Lohn – ____________

die Wohnung – ____________ der Bohrer – ____________

die Kühlung – ____________ die Ahnung – ____________

2 Bilde Reimwörter und schreibe sie auf. Kennzeichne **h**.

führen	kühlen	stehlen	lahm	wehren
r ____	f ____	f ____	z ____	k ____

3 Setze die Verben in der richtigen Form ein.

Im Garten ____________ ein schöner Baum. (blühen)

Amelie ____________ sich ein Buch aus. (leihen)

Die Katze ____________ sich im Kreis. (drehen)

4 Setze die richtige Form ein.

Ich besuche dich ____________ Tag. jed[redacted]

Kann ich ____________ Bleistift haben? dein[redacted]

Wir treffen uns in ____________ Garten. uns[redacted]

Habt ihr ____________ Ball gefunden? eu[redacted]

5 Welche „häufigen“ Wörter hast du dir gemerkt? Schreibe sie.

____

____

6 Setze ein passendes „häufiges“ Wort ein.

Das Glas ist v ____________.

Du hast schon w ____________ verloren.

Welches Wort hast du z ____________ geschrieben?

Was hast du Neues gelernt? Was konntest du schon?

Richtig schreiben

1 Bilde drei Wörter mit dem Wortstamm PACK. Kennzeichne •XX.

VER	PACK	EN
AB		UNG

2 Bilde drei Wörter mit dem Wortstamm SCHUTZ/SCHÜTZ. Kennzeichne •XX.

BE	SCHÜTZ	EN ER
	SCHUTZ	LOS

3 Verwandle in die richtige Wortart. Kennzeichne die Wortbausteine.

Jan und Ali sind gute Fußballer. Sie sind sehr __________. (der Sport)

Hannes fürchtet sich vor der __________. (finster)

4 Bilde zusammengesetzte Nomen.

Zeitung Familie Schnee Ballett	+	Eule Kiosk Tänzer Foto

5 Schreibe die Nomen mit Artikel auf.

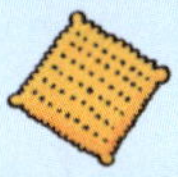

6 Kennzeichne das Fehlerwort in jedem Satz. Male den Tipp. Berichtige.

Lena übt teglich auf der Flöte.

Serkan spilt gerne Schach.

Florian und Samira basteln ein Raum Schiff.

War dein Üben erfolgreich? Warum? Gebt euch gegenseitig Übungstipps.

Richtig schreiben

1 Setze passende Verben und Adjektive mit Doppelkonsonanten ein.

Es blitzt und ______________________.

Der Hund ______________________ sein nasses Fell aus.

Am Himmel scheint die ______________________ Sonne.

Der Rennwagen rast ______________________ in die Kurve.

Die Badewanne ist ______________________.

2 Setze ein **ss** oder **ß** ein.

Paul träumt von einem rei___enden Flu___, von einem gro___en Kompa___,

von einem be___eren Flo ___.

3 Schreibe fünf Merkwörter mit **V/v** und fünf Wörter mit der Vorsilbe Ver/ver oder Vor/vor.

____

____

____

4 Setze passende Wörter mit **ß** ein.

Hanna möchte nach dem Abendessen noch eine ______________________ Schokolade .

Der Zirkusclown macht lustige ______________________.

Darf ich bitte das ______________________ Stück Pizza haben?

Die Kinder ______________________ die Lehrerin freundlich.

Die Blumenverkäuferin bindet einen schönen ______________________.

5 Schreibe immer zwei Wörter mit einem …

… Vokal vor **ß**: ______________________

… Umlaut vor **ß**: ______________________

… Zwielaut (Diphthong) vor **ß**: ______________________

Bei welchen Wörtern warst du dir sicher? Welche waren noch schwierig? Wie übst du sie?

Richtig schreiben

1 Verlängere oder setze in die Grundform. Setze den richtigen Buchstaben ein.

Jan lie___t das Gebirge.

Gern stei___t er auf einen hohen Ber___.

Dabei wir___ Jan nicht müde. Er kennt den We___ gut.

Bal___ ist er oben. Es ist aufregen___, am Gipfel anzukommen.

Aben___s le___t er sich dann sofort schlafen.

2 Schreibe die Wörter.

  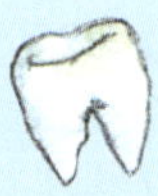  

____

    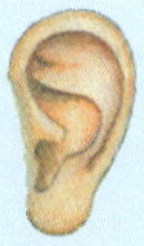

____

   L  

____

3 Schreibe die Lösungswörter.

1. rundes Gericht aus Italien: ______________________
2. geschmückter Tannenbaum am 24. Dezember: ______________________
3. viele Menschen, die zusammen singen: ______________________
4. großes Gebäude für Aufführungen: ______________________

Bei welchen Wörtern warst du unsicher? Gebt euch gegenseitig Übungstipps.

Richtig schreiben

1 Schreibe ein verwandtes Wort mit **a/au**.

Rätsel – ____________ Gebäude – ____________ zärtlich – ____________

2 Verlängere und trenne.

er stieg: ____________ sie schnitt: ____________

er ritt: ____________ er rief: ____________

3 Bilde sechs Wörter. Achte auf die Groß- oder Kleinschreibung. Kennzeichne die Wortbausteine.

⌋	⌊⌋	⌊
VER, ENT, UN, AUF	DECK, MERK, SICHER, LAUF	UNG, HEIT, SAM, EN

____

____

4 Zerlege die Wörter. Kennzeichne die Wortarten, aus denen sie gebildet sind.

Reisekoffer: ____________

Glatteis: ____________

5 Fülle die Steckbriefe aus.

Fahrkarte			
L:	B:	S:	W:
◡			
Lupenstellen:			
Tipps:			

ankommen			
L:	B:	S:	W:
◡			
Lupenstellen:			
Tipps:			

abreisen			
L:	B:	S:	W:
◡			
Lupenstellen:			
Tipps:			

☐☐☐ Schätze dein Können ein. Vergleicht in der Klasse. Gebt euch gegenseitig Übungstipps.

Rechtschreibtipps

Bei allen Wörtern hilft:

deutlich sprechen

in Silben sprechen

Nomen und Satzanfänge großschreiben

- Beweise für Nomen kennen
- Sätze erkennen

Kurze und lange Vokale unterscheiden, Silben nutzen

•/– betonter Vokal: kurz oder lang?

– x langer Vokal: *Hüte* (– x)

• xx kurzer Vokal: *Hütte* (• xx)

Pfütze (• xx)

Glück (• xx)

1. Silbe offen: *Hü-te*

1. Silbe geschlossen: *Hüt-te*

ie langes ie hören

Wörter mit ie trennen

Brief – Brie-fe

Wortfamilien nutzen

Wortstamm finden

untersuchen

Anfangsbausteine kennen

untersuchen

Endbausteine kennen

Untersuchung

verwandte Wörter sammeln:

suchen, Besuch, aussuchen

ä → a

ä kommt von a

älter → alt

äu → au

äu kommt von au

läuft → laufen

Wörter verlängern

Geld ↝ Gelder

lebt ↝ leben

Wörter mit Rechtschreibbesonderheiten einprägen

h — Dehnungs-h	aa ee oo — Doppelvokal
V/v — Wörter mit V/v	ß — Wörter mit ß
ai — Wörter mit ai	FW — Fremdwörter

Wörterliste

 A 

ab
der Abend, die Abende
abends
aber
acht
der Af|fe, die Affen
ähn|lich
al|le
al|les
als
al|so
alt, älter, am ältesten
am
die Amei|se, die Ameisen
die Am|pel, die Ampeln
an
än|dern
an|ders
die Angst, die Ängste
ängst|lich
ant|wor|ten
der Ap|fel, die Äpfel
der April
ar|bei|ten
är|gern
der Arm, die Arme
der Arzt, die Ärzte
die Ärz|tin, die Ärztinnen
der Ast, die Äste
auf
die Auf|ga|be, die Aufgaben
auf|räu|men, du räumst auf
auf|we|cken, du weckst auf
das Au|ge, die Augen
der Au|gust
aus
au|ßen
au|ßer
das Au|to, die Autos
die Axt, die Äxte

B 

das Ba|by, die Babys
der Bach, die Bä|che
ba|cken, er backt, er backte (er buk), er hat gebacken
der Bä|cker, die Bäcker
ba|den
die Bahn, die Bahnen
der Ball, die Bälle
die Ba|na|ne, die Bananen
das Band, die Bänder
die Bank, die Bänke
der Bär, die Bären
der Bauch, die Bäuche
bau|en
der Baum, die Bäume
der Be|cher, die Becher
be|gin|nen, er beginnt, er begann, er hat begonnen
bei
das Bein, die Beine
bei|ßen, er beißt, er biss, er hat gebissen
das Bei|spiel, die Beispiele
bel|len
be|loh|nen
be|ob|ach|ten
be|quem
be|reit
be|reits
der Berg, die Berge
der Be|ruf, die Berufe
be|schlie|ßen, du beschließt, er beschließt, er hat beschlossen
be|set|zen, du besetzt, es ist besetzt
bes|ser, am besten
be|stim|men, du bestimmst
das Bett, die Betten
die Beu|le, die Beulen
be|vor
be|we|gen, du bewegst
be|zah|len
der Bi|ber, die Biber
bie|gen, er biegt, er bog, er hat gebogen
die Bie|ne, die Bienen
das Bild, die Bilder
ich bin
die Bir|ne, die Birnen
bis
biss|chen
du bist
bit|ten, er bittet, er bat, er hat gebeten
bla|sen, er bläst, er blies, er hat geblasen
das Blatt, die Blätter
blau
blei|ben, er bleibt, er blieb, er ist geblieben
der Blick, die Blicke
bli|cken, du blickst
blind
der Blin|de, die Blinden
die Blin|de, die Blinden
der Blitz, die Blitze
blit|zen, es blitzt
der Block, die Blöcke
bloß
blü|hen
die Blu|me, die Blumen
die Blü|te, die Blüten
der Bo|den, die Böden
die Boh|ne, die Bohnen
boh|ren
das Boot, die Boote
bö|se
bo|xen, du boxt
der Bo|xer, die Boxer
der Brand, die Brände
brau|chen, du brauchst
braun
brav
bren|nen, es brennt, es brannte, es hat gebrannt
das Brett, die Bretter
der Brief, die Briefe
die Bril|le, die Brillen
brin|gen, er bringt, er brachte, er hat gebracht
das Brot, die Brote
das Bröt|chen, die Brötchen
die Brü|cke, die Brücken
der Bru|der, die Brüder
der Brun|nen, die Brunnen
der Bub, die Buben
das Buch, die Bücher
bunt
die Burg, die Burgen
der Busch, die Büsche
die But|ter

 C 

der Cent, die Cent/die Cents
der Christ, die Christen
die Chris|tin, die Christinnen
der Clown, die Clowns
der Com|pu|ter, die Computer

D 

da
das Dach, die Dächer
der Dachs, die Dachse
dan|ken, du dankst
dann
das
dass
der Dau|men, die Daumen
die De|cke, die Decken

dem
den
dein, deinem, deinen
den|ken, du denkst, er denkt, er dachte, er hat gedacht
denn
der
des
deut|lich
deutsch
Deutsch|land
der De|zem|ber
dich
dick
die
der Diens|tag, die Dienstage
dies, diese, dieses, diesem, diesen
das Ding, die Dinge
dir
doch
das Do|mi|no, die Dominos
der Don|ner, die Donner
don|nern
der Don|ners|tag, die Donnerstage
das Dorf, die Dörfer
dort
die Do|se, die Dosen
der Dra|che, die Drachen
der Dra|chen, die Drachen
der Draht, die Drähte
drän|geln
drau|ßen
der Dreck
dre|ckig
dre|hen, du drehst
drei
drü|cken, du drückst
du
dumm
die Dumm|heit, die Dummheiten
dun|kel
dünn
durch
dür|fen, er darf, er durfte, er hat gedurft
der Durst
durs|tig
die Du|sche, die Duschen

E

die Ecke, die Ecken
eckig
ehr|lich
das Ei, die Eier
ei|gent|lich
der Ei|mer, die Eimer
ein, einem, einen
eins
das Eis
elf
die El|tern
emp|fin|den, du empfindest, er empfindet, er empfand, er hat empfunden
emp|find|lich
das En|de, die Enden
eng, enger, am engsten
der En|gel, die Engel
der En|kel, die Enkel
ent|de|cken, du entdeckst
die En|te, die Enten
ent|fer|nen
die Ent|fer|nung, die Entfernungen
ent|ge|gen, du entgegnest
ent|wi|ckeln, du entwickelst
die Ent|wick|lung, die Entwicklungen
er
die Er|de, die Erden
er|klä|ren
er|lau|ben, du erlaubst
die Er|laub|nis, die Erlaubnisse
er|le|ben
das Er|leb|nis, die Erlebnisse
er|schre|cken, du (selbst) erschrickst, er erschrickt, er erschrak, er ist erschrocken
er|schre|cken, du erschreckst (jemanden), er erschreckt, er erschreckte, er hat erschreckt
erst
er|war|ten
die Er|war|tung, die Erwartungen
er|zäh|len
die Er|zäh|lung, die Erzählungen
es
der Esel, die Esel
es|sen, du isst, er isst, er aß, er hat gegessen
et|was
euch
eu|er, eurem, euren
die Eu|le, die Eulen
der Eu|ro, die Euro / die Euros
das Eu|ro|pa

F

die Fah|ne, die Fahnen
fah|ren, er fährt, er fuhr, er ist/hat gefahren
die Fal|le, die Fallen
fal|len, er fällt, er fiel, er ist gefallen
die Fa|mi|lie, die Familien
fan|gen, du fängst, er fängt, er fing, er hat gefangen
fau|chen
die Faust, die Fäuste
der Fe|bru|ar
die Fe|der, die Federn
der Feh|ler, die Fehler
feh|ler|frei
fein
das Feld, die Felder
das Fens|ter, die Fenster
die Fe|ri|en
fern|se|hen, du siehst fern
der Fern|se|her, die Fernseher
fer|tig
fett
das Fett, die Fette
feucht
die Feuch|tig|keit
das Feu|er, die Feuer
die Fich|te, die Fichten
fin|den, er findet, er fand, er hat gefunden
der Fin|ger, die Finger
der Fisch, die Fische
die Fla|sche, die Flaschen
der Fleiß
flei|ßig
die Flie|ge, die Fliegen
flie|gen, er fliegt, er flog, er ist/hat geflogen
flie|ßen, es fließt, es floss, es ist geflossen
das Floß, die Flöße
die Flö|te, die Flöten
der Flü|gel, die Flügel
das Flug|zeug, die Flugzeuge
der Fluss, die Flüsse
flüs|sig
die Flüs|sig|keit,

die Flüssigkeiten
fra|gen, du fragst
die **Frau**, die Frauen
frei
die **Frei|heit**, die Freiheiten
der **Frei|tag**, die Freitage
fremd, fremder
der **Frem|de**, die Fremden
fres|sen, er frisst, er fraß, er hat gefressen
die **Freu|de**, die Freuden
sich **freu|en**, du freust dich
der **Freund**, die Freunde
die **Freun|din**, die Freundinnen
der **Frie|den**
fried|lich
frie|ren, er friert, er fror, er hat gefroren
frisch
fröh|lich
die **Fröh|lich|keit**
der **Frosch**, die Frösche
die **Frucht**, die Früchte
der **Früh|ling**
der **Fuchs**, die Füchse
füh|len
füh|ren
die **Füh|rung**, die Führungen
fül|len
der **Fül|ler**, die Füller
fünf
für
der **Fuß**, die Füße
das **Fut|ter**

G

die **Ga|bel**, die Gabeln
die **Gans**, die Gänse
ganz, ganzem, ganzen
der **Gar|ten**, die Gärten
das **Gar|ten|tor**, die Gartentore
der **Gast**, die Gäste
das **Ge|bäu|de**, die Gebäude
ge|ben, er gibt, er gab, er hat gegeben
die **Ge|burt**, die Geburten
der **Ge|burts|tag**, die Geburtstage
die **Ge|fahr**, die Gefahren
ge|fähr|lich
das **Ge|fühl**, die Gefühle
ge|gen
ge|heim
das **Ge|heim|nis**, die Geheimnisse
ge|hen, er geht, er ging, er ist gegangen
ge|hö|ren
die **Gei|ge**, die Geigen
der **Geist**, die Geister
gelb
das **Geld**, die Gelder
die **Ge|mein|de**, die Gemeinden
das **Ge|mü|se**
ge|nau
ge|ra|de
gern
der **Ge|ruch**, die Gerüche
das **Ge|schäft**, die Geschäfte
ge|sche|hen, es geschieht, es geschah, es ist geschehen
die **Ge|schich|te**, die Geschichten
das **Ge|setz**, die Gesetze
das **Ge|sicht**, die Gesichter
ges|tern
ge|sund
das **Ge|wächs**, die Gewächse
ge|win|nen, er gewinnt, er gewann, er hat gewonnen
das **Ge|wit|ter**, die Gewitter
gie|ßen, du gießt, er gießt, er goss, er hat gegossen
der **Gip|fel**, die Gipfel
das **Glas**, die Gläser
das **Gras**, die Gräser
glatt
gleich
das **Glück**
glück|lich
glü|hen
der **Gott**, die Götter
groß, größer, am größten
grün
grü|ßen, du grüßt
die **Gur|ke**, die Gurken
gut, besser, am besten

H

das **Haar**, die Haare
ha|ben, er hat, er hatte, er hat gehabt
der **Hahn**, die Hähne
der **Hai**, die Haie
halb, halbe
der **Hals**, die Hälse
hal|ten, du hältst, er hält, er hielt, er hat gehalten
die **Hand**, die Hände
das **Han|dy**, die Handys
der **Hang**, die Hänge
hän|gen, es hängt, es hing, es hat gehangen
hart, härter, am härtesten
der **Ha|se**, die Hasen
der **Hau|fen**, die Haufen
häu|fig
das **Haus**, die Häuser
die **He|cke**, die Hecken
das **Heft**, die Hefte
heiß, heißer, am heißesten
hei|ßen, du heißt, er heißt, er hieß, er hat geheißen
hei|zen
die **Hei|zung**, die Heizungen
hel|fen, du hilfst, er hilft, er half, er hat geholfen
hell
das **Hemd**, die Hemden
der **Herbst**
der **Herr**, die Herren
her|stel|len, er stellt her
die **Her|stel|lung**
das **Herz**, die Herzen
heu|te
die **He|xe**, die Hexen
hier
die **Hil|fe**, die Hilfen
der **Him|mel**
hin
hin|ter
die **Hit|ze**
hoch, hö|her, am höchsten
hof|fen
hof|fent|lich
die **Hö|he**, die Höhen
die **Höh|le**, die Höhlen
hohl
ho|len
hö|ren
die **Ho|se**, die Hosen
das **Huhn**, die Hühner
die **Hum|mel**, die Hummeln

der **Hund**, die Hunde
hun|dert
der **Hun|ger**
hung|rig
hüp|fen, du hüpfst
der **Hut**, die Hüte

I

ich
der **Igel**, die Igel
ihm
ihn, ihnen
ihr, ihre, ihrem, ihren
im
im|mer
imp|fen, du impfst
die **Imp|fung**, die Impfungen
in
die **In|for|ma|ti|on**, die Informationen
in|for|mie|ren
ins
die **In|sel**, die Inseln
in|te|res|sant, interessanter, am interessantesten
das **In|te|res|se**, die Interessen
er, sie, es **ist**

J

ja
das **Jahr**, die Jahre
der **Ja|nu|ar**
je|de, jedem, jeden
je|mand, jemanden
das **Jo-Jo**, die Jo-Jos
die **Ju|gend**
ju|gend|lich
der **Ju|li**
jung, jünger, am jüngsten
der **Jun|ge**, die Jungen
der **Ju|ni**

K

der **Kä|fer**, die Käfer
der **Kä|fig**, die Käfige
der **Kai|ser**, die Kaiser
der **Kak|tus**, die Kakteen
das **Kalb**, die Kälber
der **Ka|len|der**, die Kalender
der **Kamm**, die Kämme
käm|men
die **Kan|ne**, die Kannen
der **Karp|fen**, die Karpfen
der **Kä|se**
die **Kas|se**, die Kassen
die **Kas|ta|nie**, die Kastanien
die **Kat|ze**, die Katzen
kau|fen
kein, keinem, keinen
der **Kel|ler**, die Keller
ken|nen, er kennt, er kannte, er hat gekannt
die **Ker|ze**, die Kerzen
die **Kie|fer**, die Kiefern
das **Kind**, die Kinder
das **Ki|no**, die Kinos
die **Kir|che**, die Kirchen
die **Kir|sche**, die Kirschen
die **Kis|te**, die Kisten
klar
die **Klas|se**, die Klassen
das **Kleid**, die Kleider
klein
klet|tern
klop|fen, du klopfst
ko|chen
der **Kof|fer**, die Koffer
kom|men, er kommt, er kam, er ist gekom-men
der **Kom|pass**, die Kompasse
der **Kö|nig**, die Könige
kön|nen, er kann, er konnte, er hat gekonnt
der **Kopf**, die Köpfe
der **Korb**, die Körbe
der **Kör|per**, die Körper
der **Krach**
die **Kraft**, die Kräfte
kräf|tig
krank
krat|zen, du kratzt
das **Kraut**, die Kräuter
das **Kreuz**, die Kreuze
die **Kreu|zung**, die Kreuzungen
krie|chen, er kriecht, er kroch, er ist gekro-chen
der **Krieg**, die Kriege
die **Kro|ne**, die Kronen
der **Ku|chen**, die Kuchen
die **Kuh**, die Kühe
kühl
küh|len
kurz, kürzer, am kürzesten
der **Kuss**, die Küsse

L

la|chen
lahm
der **Laib**, die Laibe
das **Lamm**, die Lämmer
die **Lam|pe**, die Lampen
das **Land**, die Länder
lang, länger, am längsten
der **Lärm**
las|sen, du lässt, er lässt, er ließ, er hat gelassen
das **Laub**
lau|fen, er läuft, er lief, er ist gelaufen
laut
le|ben, du lebst
die **Le|der|ho|se**, die Lederhosen
le|gen, du legst
der **Leh|rer**, die Lehrer
die **Leh|re|rin**, die Lehrerinnen
leicht
lei|se
die **Lei|ter**, die Leitern
ler|nen
le|sen, er liest, er las, er hat gelesen
letz|ter, letzte
leuch|ten
die **Leu|te**
das **Le|xi|kon**, die Lexika
das **Licht**, die Lichter
lieb, lieber, am liebsten
lie|ben, du liebst
das **Lied**, die Lieder
lie|gen, er liegt, er lag, er hat gelegen
links
die **Lip|pe**, die Lippen
lo|ben
das **Loch**, die Löcher
der **Löf|fel**, die Löffel
der **Lohn**, die Löhne
der **Lö|we**, die Löwen
die **Luft**, die Lüfte
die **Lu|pe**, die Lupen

M

ma|chen
das **Mäd|chen**, die Mädchen
der **Mag|net**, die Magnete
der **Mai**
der **Mais**
ma|len
man
der **Mann**, die Männer
der **Man|tel**, die Mäntel

das Mär|chen, die Märchen
der März
die Ma|schi|ne, die Maschinen
das Maß, die Maße
die Maus, die Mäuse
die Me|di|en
das Meer, die Meere
mehr
mein, meinem, meinen
der Mensch, die Menschen
mer|ken
mes|sen, er misst, er maß, er hat gemessen
das Mes|ser, die Messer
mich
die Mie|te, die Mieten
die Milch
die Mi|nu|te, die Minuten
mir
mit
der Mit|tag, die Mittage
die Mit|te
der Mitt|woch, die Mittwoche
mi|xen, du mixt
der Mi|xer, die Mixer
mö|gen, er mag, er mochte, er hat gemocht
der Mo|nat, die Monate
der Mond, die Monde
der Mon|tag, die Montage
das Moos, die Moose
mor|gen
der Mo|tor, die Motoren
die Mü|cke, die Mücken
der Müll
der Mund, die Münder
die Mu|schel, die Muscheln
müs|sen, er muss, er musste, er hat gemusst
die Mut|ter, die Mütter

N

nach
die Nacht, die Nächte
die Na|del, die Nadeln
der Na|gel, die Nägel
nah, näher, am nächsten
die Nä|he
nä|hen
die Nah|rung
die Naht, die Nähte
der Na|me, die Namen
die Na|se, die Nasen
nass
die Näs|se
die Na|tur
na|tür|lich
der Ne|bel, die Nebel
ne|ben
neh|men, er nimmt, er nahm, er hat genommen
nein
nen|nen, er nennt, er nannte, er hat genannt
neu
neun
nicht
nichts
nie
nie|mals
nie|mand, niemanden
die Ni|xe, die Nixen
der No|vem|ber
die Num|mer, die Nummern
num|me|rie|ren, du nummerierst
nun
nur
die Nuss, die Nüsse
nüt|zen, du nützt
nütz|lich

O

ob
oben
das Obst
oder
of|fen
oft
oh|ne
das Ohr, die Ohren
der Ok|to|ber
die Oma, die Omas
der On|kel, die Onkel
der Opa, die Opas
Os|tern

P

pa|cken, du packst
das Päck|chen, die Päckchen
das Pa|ket, die Pakete
die Pan|ne, die Pannen
das Pa|pier
der Part|ner, die Partner
die Part|ner|in, die Partnerinnen
der Pass, die Pässe
pas|sen, du passt
die Pfan|ne, die Pfannen
der Pfau, die Pfauen
pfei|fen, er pfeift, er pfiff, er hat gepfiffen
der Pfeil, die Pfeile
das Pferd, die Pferde
die Pflan|ze, die Pflanzen
pflan|zen, du pflanzt
das Pflas|ter, die Pflaster
pfle|gen, du pflegst
die Pfüt|ze, die Pfützen
der Pilz, die Pilze
der Pin|sel, die Pinsel
die Piz|za, die Pizzen
der Platz, die Plätze
plötz|lich
die Pom|mes
das Po|ny, die Ponys
das Pro|gramm, die Programme
die Pup|pe, die Puppen

Qu

das Qua|drat, die Quadrate
qua|ken
die Qual, die Qualen
quä|len
die Qual|le, die Quallen
der Qualm
qual|men
der Quark
der Quatsch
die Quel|le, die Quellen
quen|geln
quiet|schen, du quietschst

R

das Rad, die Räder
das Ra|dio, die Radios
ra|ten, du rätst, er rät, er riet, er hat geraten
das Rät|sel, die Rätsel
die Rat|te, die Ratten
rau|ben, du raubst
der Raum, die Räume
rech|nen
rechts
das Re|cyc|ling
re|den, du redest
der Re|gen
der Re|gen|bo|gen
das Reh, die Rehe
reich
rei|sen, du reist

rei|ßen, er reißt, er riss, er hat gerissen
rei|ten, er reitet, er ritt, er ist geritten
ren|nen, er rennt, er rannte, er ist gerannt
rich|tig
rie|chen, er riecht, er roch, er hat gerochen
der **Rie|se,** die Riesen
der **Ring,** die Ringe
der **Rit|ter,** die Ritter
der **Rock,** die Röcke
rol|len
rot
der **Rü|cken,** die Rücken
ru|fen, er ruft, er rief, er hat gerufen
die **Ru|he**
ru|hig
rüh|ren
rund

S

die **Sa|che,** die Sachen
der **Saft,** die Säfte
die **Sä|ge,** die Sägen
sa|gen, du sagst
das **Salz,** die Salze
sam|meln
die **Samm|lung,** die Sammlungen
der **Sams|tag,** die Samstage
der **Sand**
san|dig
der **Satz,** die Sätze
das **Schaf,** die Schafe
schaf|fen
der **Schal,** die Schals
der **Schall,** die Schalle/die Schälle
schal|ten
der **Schal|ter,** die Schalter
scharf, schärfer, am schärfsten
der **Schat|ten,** die Schatten
der **Schatz,** die Schätze
schau|en
die **Schau|fel,** die Schaufeln
der **Schaum,** die Schäume
schei|nen, es scheint, es schien, es hat geschienen
schen|ken, du schenkst
die **Sche|re,** die Scheren
schie|ben, er schiebt, er schob, er hat geschoben
schief
die **Schie|ne,** die Schienen
schie|ßen, du schießt, er schießt, er schoss, er hat geschossen
schimp|fen, du schimpfst
der **Schirm,** die Schirme
schla|fen, er schläft, er schlief, er hat geschlafen
schla|gen, du schlägst, er schlägt, er schlug, er hat geschlagen
die **Schlan|ge,** die Schlangen
schlau
der **Schlauch,** die Schläuche
schlecht
schlie|ßen, du schließt, er schließt, er schloss, er hat geschlossen
schließ|lich
schlimm
schlüp|fen
der **Schluss,** die Schlüsse
der **Schlüs|sel,** die Schlüssel
schme|cken
der **Schmet|ter|ling,** die Schmetterlinge
der **Schmutz**
schmut|zig
die **Schne|cke,** die Schnecken
der **Schnee**
schnei|den, du schneidest, er schneidet, er schnitt, er hat geschnitten
schnell
der **Schnup|fen**
schon
schön
der **Schrank,** die Schränke
die **Schran|ke,** die Schranken
der **Schreck,** die Schrecken
schreck|lich
schrei|ben, er schreibt, er schrieb, er hat geschrieben
schrei|en, er schreit, er schrie, er hat geschrien
der **Schuh,** die Schuhe
die **Schu|le,** die Schulen
schüt|teln, du schüttelst
der **Schutz**
schüt|zen, du schützt
schwarz
schwei|gen, er schweigt, er schwieg, er hat geschwiegen
schwer
die **Schwes|ter,** die Schwestern
schwie|rig, schwieriger, am schwierigsten
die **Schwie|rig|keit,** die Schwierigkeiten
schwim|men, er schwimmt, er schwamm, er ist geschwommen
schwit|zen, du schwitzt
sechs
der **See,** die Seen
se|hen, du siehst, er sieht, er sah, er hat gesehen
sehr
das **Seil,** die Seile
sein, ich bin, du bist, er ist, er war, er ist gewesen
sein, seinem, seinen
seit
die **Sei|te,** die Seiten
die **Se|kun|de,** die Sekunden
der **Sep|tem|ber**
sich **set|zen,** du setzt dich, er setzt sich, er setzte sich, er hat sich gesetzt
sich
sie
sie|ben
sind
sin|gen, du singst, er singt, er sang, er hat gesungen
sit|zen, du sitzt, er sitzt, er saß, er hat gesessen

die Skiz|ze, die Skizzen
skiz|zie|ren
so
das So|fa, die Sofas
so|fort
der Sohn, die Söhne
sol|len
der Som|mer
die Son|ne
der Sonn|tag, die Sonntage
die So|ße, die Soßen
die Spa|get|ti
spa|ren
der Spaß, die Späße
spät
der Spatz, die Spatzen
spa|zie|ren
der Specht, die Spechte
spei|sen, du speist
der Spie|gel, die Spiegel
spie|geln
das Spiel, die Spiele
spie|len
der Spi|nat
die Spin|ne, die Spinnen
spitz
die Spit|ze, die Spitzen
der Sport
spre|chen, du sprichst, er spricht, er sprach, er hat gesprochen
sprin|gen, er springt, er sprang, er ist gesprungen
spu|cken, du spuckst
spu|ken, es spukt
spü|len
die Stadt, die Städte
der Stall, die Ställe
der Stamm, die Stämme
der Stän|gel, die Stängel
stark, stärker
stär|ken
star|ten
ste|hen, er steht, er stand, er hat gestanden
stei|gen, er steigt, er stieg, er ist gestiegen
der Stein, die Steine
stel|len
der Stern, die Sterne
das Steu|er
steu|ern
der Stie|fel, die Stiefel
der Stiel, die Stiele
der Stift, die Stifte
still
stim|men
die Stirn
der Stoff, die Stoffe
stol|pern
der Storch, die Störche
stö|ren
sto|ßen, du stößt, er stößt, er stieß, er hat gestoßen
der Strand, die Strände
die Stra|ße, die Straßen
der Strauch, die Sträucher
stau|nen
der Strauß, die Sträuße
strei|chen, er streicht, er strich, er hat gestrichen
der Streit, die Streite
strei|ten, er streitet, er stritt, er hat gestritten
stri|cken, du strickst
der Strom, die Ströme
strö|men
der Strumpf, die Strümpfe
das Stück, die Stücke
der Stuhl, die Stühle
die Stun|de, die Stunden
der Sturm, die Stürme
stür|misch
su|chen
süß
die Süß|ig|keit, die Süßigkeiten

T

der Tag, die Tage
tan|ken, du tankst
die Tan|ne, die Tannen
die Tan|te, die Tanten
die Ta|sche, die Taschen
die Tas|se, die Tassen
tau|chen
tau|send, tausende
das Ta|xi, die Taxis
die Tech|nik, die Techniken
der Ted|dy, die Teddys
der Tee, die Tees
das Te|le|fon, die Telefone
der Tel|ler, die Teller
die Tem|pe|ra|tur, die Temperaturen
der Teu|fel, die Teufel
der Text, die Texte
das The|a|ter, die Theater
das Ther|mo|me|ter, die Thermometer
tief
die Tie|fe, die Tiefen
das Tier, die Tiere
der Ti|ger, die Tiger
der Tisch, die Tische
die Toch|ter, die Töchter
die To|ma|te, die Tomaten
die Ton|ne, die Tonnen
der Topf, die Töpfe
die Tor|te, die Torten
tra|gen, du trägst, er trägt, er trug, er hat getragen
die Trä|ne, die Tränen
der Traum, die Träume
träu|men
trau|rig
tref|fen, du triffst, er trifft, er traf, er hat getroffen
treu
trin|ken, du trinkst, er trinkt, er trank, er hat getrunken
tro|cken
der Trop|fen, die Tropfen
tun, er tut, er tat, er hat getan
die Tür, die Türen
der Turm, die Türme
tur|nen
die Tü|te, die Tüten

U

üben, du übst
über
über|que|ren
die Uhr, die Uhren
um
um|keh|ren, er kehrt um
und
un|ge|fähr
uns, unserem, unserem
un|ten
un|ter
der Un|ter|richt
der Ur|laub, die Urlaube

V

die Va|se, die Vasen
der Va|ter, die Väter
ver|bie|ten, er verbietet, er verbot, er hat verboten
ver|brau|chen
ver|bren|nen, es verbrennt, es verbrannte, es ist verbrannt
die Ver|bren|nung

der **Ver|ein,** die Vereine
ver|ges|sen, er vergisst, er vergaß, er hat vergessen
der **Ver|käu|fer,** die Verkäufer
die **Ver|käu|fer|in,** die Verkäuferinnen
der **Ver|kehr**
ver|let|zen, du verletzt
die **Ver|let|zung,** die Verletzungen
ver|lie|ren, er verliert, er verlor, er hat verloren
ver|pa|cken, du verpackst
die **Ver|pa|ckung**
ver|schmut|zen, du verschmutzt
die **Ver|schmut|zung**
sich **ver|spä|ten,** ich verspäte mich
ver|ste|cken, du versteckst
ver|su|chen
ver|wandt
die **Ver|wandt|schaft**
viel
viel|leicht
vier
vier|zehn
vier|zig
der **Vo|gel,** die Vögel
voll
voll|stän|dig
vom
von
vor
die **Vor|fahrt**
die **Vor|sicht**
vor|sich|tig

W

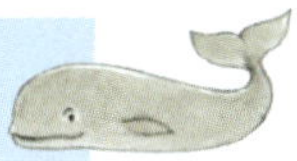

wach|sen, er wächst, er wuchs, er ist gewachsen
der **Wa|gen,** die Wagen
die **Wahl,** die Wahlen
wäh|len
wahr
wäh|rend
der **Wald,** die Wälder
die **Wand,** die Wände
wan|dern
wann
die **Wan|ne,** die Wannen
warm, wärmer, am wärmsten
die **Wär|me**
war|ten
wa|rum
wa|schen, du wäschst, er wäscht, er wusch, er hat gewaschen
das **Was|ser,** die Wasser
wech|seln, du wechselst
der **We|cker,** die Wecker
der **Weg,** die Wege
das **Weih|nach|ten**
wei|nen
weiß
weit
wei|ter
wel|che, welchem, welchen
wem
wen
we|nig
wenn
wer
wer|den, du wirst, er wird, er wurde, er ist geworden
wer|fen, er wirft, er warf, er hat geworfen
das **Wet|ter**
wich|tig
wie
wie|der
die **Wie|ge,** die Wiegen
wie|gen, du wiegst, er wiegt, er wog, er hat gewogen
die **Wie|se,** die Wiesen
wild
der **Wind,** die Winde
der **Win|ter**
der **Wip|fel,** die Wipfel
wir
wis|sen, du weißt, er weiß, er wuss|te, er hat gewusst
der **Witz,** die Witze
die **Wo|che,** die Wochen
woh|nen
der **Wolf,** die Wöl|fe
die **Wol|ke,** die Wolken
wol|len, er will, er wollte, er hat gewollt
das **Wort,** die Wörter
wün|schen, du wünschst
der **Wür|fel,** die Würfel
der **Wurm,** die Würmer
die **Wurst,** die Würste
die **Wur|zel,** die Wurzeln

Z

die **Zahl,** die Zahlen
zah|len
zäh|len
der **Zahn,** die Zähne
die **Zan|ge,** die Zangen
der **Zaun,** die Zäune
das **Ze|bra,** die Zebras
der **Zeh,** die Zehen
zehn
zeich|nen
zei|gen, du zeigst, er zeigt
der **Zei|ger,** die Zeiger
die **Zeit,** die Zeiten
die **Zei|tung,** die Zeitungen
das **Zelt,** die Zelte
das **Zeug|nis,** die Zeugnisse
die **Zie|ge,** die Ziegen
zie|hen, er zieht, er zog, er hat gezogen
das **Ziel,** die Ziele
zie|len
das **Zim|mer,** die Zimmer
der **Zopf,** die Zöpfe
zu
der **Zu|cker**
die **Zu|kunft**
zu|künf|tig
zu|letzt
zum
die **Zun|ge,** die Zungen
zur
zu|rück
zu|sam|men
zwei
der **Zwerg,** die Zwerge
die **Zwie|bel,** die Zwiebeln
zwölf

Wortartenbaum

Artikel

der, die, das (bestimmt)
ein, eine (unbestimmt)

Nomen

Nomen sind Namen für Lebewesen, Dinge, Gefühle, Zeiten und Ereignisse.

Beweise für Nomen:

- Hase ist ein Name für ein Lebewesen.
- Zu jedem Nomen passen Artikel:
  der Hase – ein Hase
- Nomen können in der Einzahl und in der Mehrzahl stehen:
  ein Hase – viele Hasen

Wörter mit den Nachsilben ung, heit, keit, schaft, nis **sind Nomen.**

Adjektive

Adjektive sagen, wie Lebewesen und Dinge sind.

Beweise für Adjektive:

- Adjektive antworten auf die Frage: Wie ist etwas? – *Wie ist die Luft? – kalt*
- Adjektive passen zwischen Artikel und Nomen: *die kalte Luft*
- Zu vielen Adjektiven gibt es das Gegenteil: *kalt – heiß*

Wörter mit den Nachsilben ig, lich, sam, bar, haft, los **sind Adjektive.**

Steigerungsformen:

- Grundform: *kalt*
- 1. Vergleichsstufe: *kälter*
- 2. Vergleichsstufe: *am kältesten*